新股民看盘入门与技巧

张昌龙 ◎ 编著

中国纺织出版社

图书在版编目（CIP）数据

新股民看盘入门与技巧 / 张昌龙编著. -- 北京：中国纺织出版社，2022.2
ISBN 978-7-5180-1839-0

Ⅰ. ①新… Ⅱ. ①张… Ⅲ. ①股票交易—基本知识 Ⅳ. ①F830.91

中国版本图书馆CIP数据核字（2015）第161452号

责任编辑：闫 星　　责任校对：高 涵　　责任印制：储志伟

中国纺织出版社出版发行
地址：北京市朝阳区百子湾东里 A407 号楼　邮政编码：100124
销售电话：010—67004422　传真：010—87155801
http://www.c-textilep.com
中国纺织出版社天猫旗舰店
官方微博 http://weibo.com/2119887771
三河市延风印装有限公司印刷　各地新华书店经销
2022年2月第1版第1次印刷
开本：710×1000　1/16　印张：14.5
字数：168千字　定价：49.80元

凡购本书，如有缺页、倒页、脱页，由本社图书营销中心调换

序言

在接连熊了多年后,沪深两市终于在2014年7月迎来了新一轮的牛市行情。在实体经济的憧憬下,两市行情不断走牛,上证综合指数以迅雷不及掩耳之势突破了4500点、4600点、4700点、4800点和4900点大关,直逼5000点而去,两市成交额纪录也在被不断刷新,甚至多次突破了两万亿元。一阵阵"牛市热流"不断地冲刷着上一轮熊市留下来的"寒意",正是在这样的气氛渲染下,各大证券营业部的新面孔越来越多,全民炒股的现象再一次呈现出来。

2015年6月初,上证综合指数一度上涨至5178点的峰值,随后陷入大跌,2019年跌至2440点后,开启了一轮缓慢的上涨。

但是不管是牛市还是熊市,投资股市都存在着较高的风险。股市的变化阴晴不定,新股民朋友只要稍微放松警惕就可能会陷入万丈深渊。根据统计,在股市中赚钱的人只占到了股民总人数的10%,还有10%是处于保本的状态,剩余的80%都处于赔钱的窘境中。而在这80%的赔钱股民中,新股民又占据了其中的很大一部分。究其原因,就是因为新股民缺少必要的技术和经验。

从本质上说,看盘是炒股技术的综合体现,对于炒股具有非常重要的意义。然而,受到自身能力所限,一些新股民朋友在对炒股一知半解的情况下就进入股市,从而为自己的股市投资之路埋下了巨大的隐患。

是否具备必要的炒股技术,简单来说就是看一个股民是否具备看盘的能力，是否具有良好的盘感。如果一个股民没有过硬的看盘能力以及良好的盘感，那么就谈不上会炒股，也很难在股市中赚钱。

在牛市中，良好的看盘能力能够为新股民朋友带来更多的收益；而在熊市，良好的看盘能力则可以使新股民朋友减少损失，甚至是能够反败为胜。如果新股民忽视了看盘的作用和重要性，那么即使在牛市行情中，也有可能会错失获利的良机，在别人都获利的时候，面临亏损的局面。

为了帮助新股民朋友提高看盘能力，为今后的投资奠定良好的基础，快速成为炒股高手，最大化地扩展获利空间，我们特意编写了此书。在内容上，本书先从看盘必须掌握基本功讲起，帮助新股民朋友们学习看盘必须掌握的理论基础知识，为后文具体讲解专业看盘打下良好的基础；随后讲解如何通过大势、K线、技术指标、量价等方面来探究大盘的奥秘，提高投资者对个股把握的精准度；最后，为了能使读者更好地从股市中获利，规避因主力干预而导致亏损的情况，本书还具体讲解了如何看穿主力意图等技巧。

我们相信，通过学习以上看盘知识，新股民朋友一定能够提高实战水平和技术素养，最终通过看盘达到"趋吉避凶"，提高赚钱的概率，减少被套的风险。

编著者

第一章　学会看盘从基本功开始 1

一、分时走势图 2
（一）个股分时走势图（图1-1） 2
（二）个股分时走势图（图1-2） 3

二、K线走势图 5
（一）K线走势图的组成 5
（二）K线图注释表 6

三、看盘到底看什么 7
（一）热点的转换 7
（二）指数异动 8
（三）主力进出的变化 8

四、看懂各类指数 9
（一）股价指数 9
（二）上证指数系列 10
（三）深证指数系列 14
（四）沪深300指数（图1-10） 15

第二章　看盘先看势 19

一、行情是大盘的风向标 20
（一）牛市 20
（二）熊市 21
（三）没有永远的牛，也没有永远的熊 22

二、宏观趋势给盘口带来的影响 23
（一）资金供求关系 23

（二）利率 ··· 23
三、决定股市短期趋势的三大因素 ·· 24
　　　（一）定向增发 ··· 25
　　　（二）突发事件 ··· 26
　　　（三）证监会的决策 ··· 27
四、透过窗口看大势 ·· 28
　　　（一）权威证券网站 ··· 28
　　　（二）权威新闻媒体 ··· 29
　　　（三）知名机构和券商的研究报告 ····································· 30
五、消息不等于趋势 ·· 31
　　　（一）"内幕消息"不可靠 ··· 32
　　　（二）选择对投资有益的消息 ··· 32
　　　（三）网络虚假信息 ··· 34

第三章　一眼看穿基本面 ·· 37

一、看盘离不开基本面研判 ··· 38
　　　（一）没有基本面支持的股票犹如空中阁楼 ·························· 38
　　　（二）基本面是影响股价运行时间和空间的根本因素 ··············· 39
　　　（三）基本面是股价的中长期趋势风向标 ···························· 39
　　　（四）基本面转折，股价也会转折 ····································· 40
二、看透行业趋势 ··· 41
　　　（一）行业趋势分析要点 ··· 41
　　　（二）具有良好发展前景的行业 ·· 41
三、看透个股成长性 ·· 44
　　　（一）成长比率 ··· 45
　　　（二）生命周期 ··· 45
　　　（三）资产结构 ··· 46
四、看透安全边际 ··· 48
　　　（一）安全边际的重要性 ··· 48
　　　（二）安全边际出现的规律 ·· 49

（三）掌握安全边际的关键点······50

（四）安全边际的主要作用······51

五、看透财务报表······51

（一）资产负债表······52

（二）利润表······55

（三）现金流量表······56

第四章 揭开盘口的神秘面纱······61

一、如何看大盘未来走势······62

（一）大盘权重股的走势惯性······62

（二）市场人气······63

（三）板块轮动······64

（四）通过板块轮动规律推测大盘走势······66

二、如何看开盘······66

（一）开盘三十分钟······67

（二）三点连线的形态······69

三、如何看盘中······73

（一）多空搏斗······73

（二）多空决胜······74

（三）多空强化······75

四、如何看尾盘······76

（一）尾盘收红，并且收出一根长下影线······77

（二）尾盘放量······78

第五章 看透K线好套利······81

一、什么是K线······82

（一）K线的基本构成······82

（二）K线特殊形态······84

二、下跌K线组合······85

（一）倒三阳······85

（二）绵绵阴跌 ·· 85
　　（三）下降抵抗 ·· 86
　　（四）连续跳空三阳线 ······································ 87
　　（五）下降三部曲 ·· 88
三、上涨 K 线组合 ·· 88
　　（一）多方尖兵 ·· 88
　　（二）高位并排阳线 ··· 89
　　（三）上涨两颗星 ·· 89
　　（四）红三兵 ··· 90
　　（五）徐缓上升 ·· 90
　　（六）跳空上扬 ·· 91
四、见底 K 线组合 ·· 92
　　（一）反弹线 ··· 92
　　（二）独立大阳线 ·· 92
　　（三）低位并排阳线 ··· 93
　　（四）连续跳空三连阴 ····································· 93
　　（五）下档五阳线 ·· 94
　　（六）圆底 ·· 94
五、见顶 K 线组合 ·· 95
　　（一）黄昏十字星 ·· 95
　　（二）平顶 ·· 96
　　（三）塔形顶 ··· 96
　　（四）乌云盖顶 ·· 97
　　（五）射击之星 ·· 98
　　（六）倾盆大雨 ·· 98
六、岛形反转 ··· 99
　　（一）顶部岛形反转 ··· 99
　　（二）底部岛形反转 ······································· 101
七、V 形反转 ··· 102
　　（一）V 形 ·· 102

（二）延伸V形 103

　八、头肩反转 104
　　（一）头肩顶 104
　　（二）头肩底 105

　九、三重形态 106
　　（一）三重顶形态 108
　　（二）三重底形态 108

第六章　看量价识走势 111

　一、解读成交量相关概念 112
　　（一）成交量 112
　　（二）总成交金额 113
　　（三）平均每笔成交量 113
　　（四）总手和现手 113
　　（五）委买和委卖 114
　　（六）内盘和外盘 114
　　（七）量比 115
　　（八）换手率 116

　二、成交量形态详解 117
　　（一）地量 117
　　（二）天量 118
　　（三）缩量 118
　　（四）放量 119
　　（五）均量 120

　三、透过换手率看大盘 121
　　（一）加速换手率（图6-12） 121
　　（二）观望换手率（图6-13） 122
　　（三）高换手率（图6-14） 122

　四、涨停板量能 123
　　（一）放量涨停 124
　　（二）无量涨停 125

第七章 别让看不懂指标害了你 ... 127

- 一、如何看均线 ... 128
  - (一) 如何看 5 日均线 ... 128
  - (二) 如何看 30 日均线 ... 129
  - (三) 如何看 120 日均线 ... 130
  - (四) 如何看均线形态 ... 131
- 二、如何看 MACD 指标 ... 134
  - (一) DIFF 和 DEA 的值和位置 ... 135
  - (二) DIFF 和 DEA 的交叉情况 ... 136
  - (三) DIFF 和 DEA 的走势形态 ... 138
- 三、如何看 KDJ 指标 ... 140
  - (一) KDJ 指标应用方法 ... 140
  - (二) KDJ 钝化 ... 141
- 四、如何看 BBI 指标 ... 143
  - (一) 股价处于 BBI 指标线的下方 ... 143
  - (二) 股价处于 BBI 指标线的上方 ... 144
- 五、如何看威廉指标 ... 145
  - (一) 短期威廉指标小于中期威廉指标 ... 146
  - (二) 短期威廉指标大于中期威廉指标 ... 146
  - (三) 短期威廉指标在高位向下穿过中期威廉指标 ... 147
  - (四) 短期威廉指标在低位向上穿过中期威廉指标 ... 147
  - (五) 使用威廉指标的注意事项 ... 148
- 六、如何看 ADL 指标 ... 148
  - (一) ADL 指标的变化趋势 ... 149
  - (二) ADL 指标顶背离 ... 151
  - (三) ADL 指标底背离 ... 151
  - (四) ADL 曲线形态 ... 153
  - (五) ADL 指标的作用 ... 154
- 七、如何看 ADR 指标 ... 155
  - (一) ADR 指标运行原理 ... 156

　　　　（二）ADR 指标的取值范围 ·················· 156
　　　　（三）ADR 曲线与股价综合指数配套使用方法 ····· 160
　八、如何看乖离率指标 ···························· 160
　　　　（一）乖离率指标的运行原理 ················ 161
　　　　（二）乖离率指标的实际应用 ················ 162

第八章　看穿主力就这么简单 ·························· 165

　一、看动向：个股异动间的主力踪迹 ················ 166
　　　　（一）急剧放量或缩量 ······················ 166
　　　　（二）股价暴涨暴跌 ························ 166
　　　　（三）个股行情逆势而动 ···················· 168
　二、看建仓：跟随主力，低价杀入 ·················· 169
　　　　（一）隐藏式建仓吸筹 ······················ 169
　　　　（二）震荡整理式建仓吸筹 ·················· 170
　　　　（三）打压式建仓吸筹 ······················ 170
　三、看洗盘：盯住主力，顶住压力 ·················· 173
　　　　（一）边拉升边洗盘 ························ 173
　　　　（二）横盘整理式洗盘 ······················ 174
　　　　（三）上下震荡式洗盘 ······················ 175
　四、看拉升：吃下完整上升波段 ···················· 176
　　　　（一）直升机式拉升 ························ 176
　　　　（二）斜线式拉升 ·························· 177
　　　　（三）阶梯式拉升 ·························· 178
　五、看出货：主力出货，散户出逃 ·················· 179
　　　　（一）设置多头陷阱出货 ···················· 179
　　　　（二）快速打压出货 ························ 180
　　　　（三）利用除权出货 ························ 181
　　　　（四）利用反弹出货 ························ 182

第九章　股票软件哪家强……183

一、最常用的股票软件……184
（一）"同花顺"股票软件……184
（二）"大智慧"股票软件……189

二、股票软件使用指南……194
（一）怎样查看股市板块……194
（二）如何用股票软件查看个股……195
（三）怎样看各种资讯……200
（四）如何用手机APP看盘……203

第十章　新股民不得不学的解套秘籍……209

一、解套四法……210
（一）换股解套法……210
（二）止损解套法……212
（三）补仓解套法……214
（四）捂股解套法……215

二、解套不如防套……217
（一）做好购买计划……217
（二）保持合理的仓位结构……217
（三）做好止损计划……217
（四）学会舍弃……217
（五）谨慎对待放量……218
（六）不可贪婪……218
（七）不可刻意追逐暴利……218

三、防不胜防的多头圈套……218
（一）小心连续的几根大阳线……219
（二）注意成交量上体现的特征……219
（三）了解宏观经济形势和政策颁布情况……219

第一章 ◉ 学会看盘从基本功开始

新股民朋友要想炒股获得成功,需要具有良好的看盘能力,这也是股票投资成功的重要基础。股票市场就像战场,不是靠运气就可以所向披靡,股民朋友应该学会分析和看盘,才能不断地取得胜利。

一、分时走势图

分时走势图是一种将股票市场中的交易信息实时地以图表形式表示的技术分析图。分时走势图分为大盘走势图和个股走势图。大盘走势图反映了当天的大盘走势,个股走势图反映了当天每只股票的走势。股民朋友们可以将分时走势图看作股市交易的即时资料。

(一)个股分时走势图(图1-1)

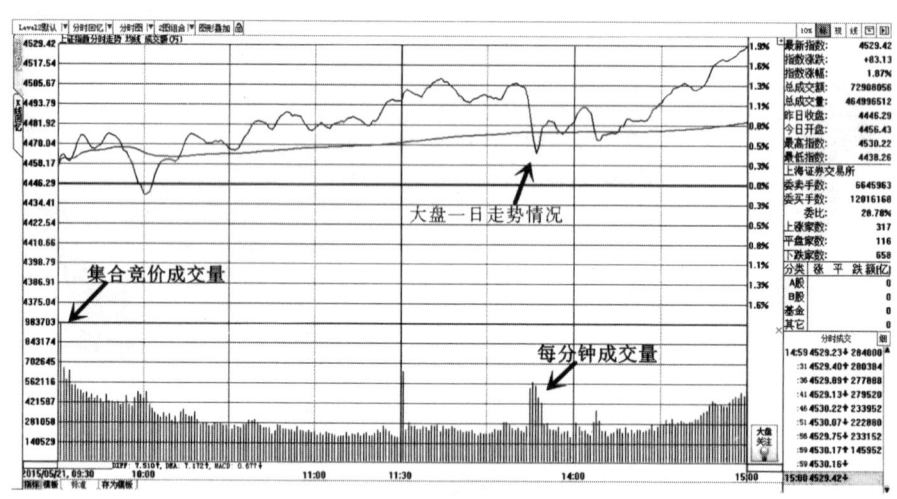

图1-1　2015年5月21日上证指数分时走势图

下面用表格对走势图中的各指标做详细说明(表1-1)。

表1-1　分时走势图指标说明

参数	说明
蓝色曲线	上证指数,表示上海证券交易所综合指数当天的走势

续表

参数	说明
柱状线	每分钟的交易量。以手为单位，1手等于100股。左边长的柱状线是开市前集合竞价时的交易量。它后面的柱状线每分钟形成一根
成交总额	当天成功交易的总金额。一般以万元为单位
成交手数	当天成功交易的股票总数。一般以手为单位
委买手数	根据买卖价格排序，目前所有个股委托买入的前五位手数总和
委卖手数	根据买卖价格排序，目前所有个股委托卖出的前五位手数总和
委比	买、卖手数之差与委买、委卖手数之和的比。通常，委比数值为正且数值较大时，买方力量比卖方强，股指上涨概率较大；委比数值为负且数值较大时，则相反

（二）个股分时走势图（图1-2）

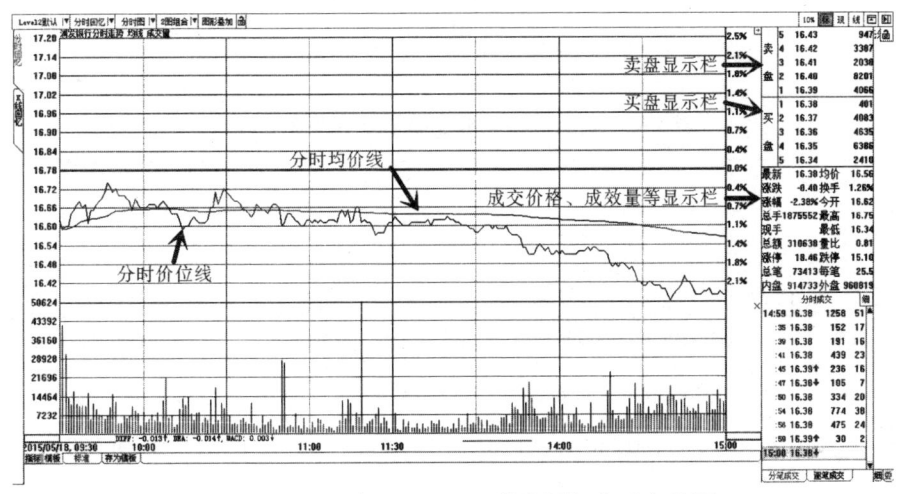

图1-2　2015年5月18日浦发银行分时走势图

图1-2为2015年5月18日浦发银行分时走势图，其中涉及以下几个专业词汇：

（1）分时价位线。指股票在某一时刻的成交价格。

（2）分时均价线。指股票当天已经交易的平均价格。

（3）卖盘显示栏。卖盘中的1、2、3、4、5，表示有五档股票正在依次等待卖出。以"价格优先、时间优先"为准则，报价低者排在前面，若报价相同，先报价者排在前面。这个过程由电脑程序自动安排，保证了客观、公平和公正。

卖盘显示栏中间一排数字为等候卖出的股票价格，最右边一排为等候卖出股票的总手数。如图1-2中的"16.39 4066"即表示第一档等候卖出的价格是16.39元，共有4066手，即406600股的股票在此价位等待卖出。

（4）买盘显示栏。买盘中的1、2、3、4、5，表示有五档股票正在依次等候买进。同样以"价格优先、时间优先"为准则排序，报价高者排在前面，若报价相同，先报价者排在前面。如图1-2中的"16.38 401"，即表示第一档等待买入的价格是16.38元，共有401手，即40100股的股票在此价位等待买入。

（5）成交价格、成交量等显示栏，如表1-2所示。

表1-2 成交价格、成交量以及内外盘注释表

项目	说明
均价	开盘到现在买卖双方成交的平均价格
今开	当日的开盘价
最高	开盘到现在买卖双方成交的最高价格。收盘后显示的"最高"为当日成交的最高价格
最低	开盘到现在买卖双方成交的最低价格。收盘后显示的"最低"为当日成交的最低价格
量比	衡量相对成交量的指标。代表每分钟平均成交量与过去5个交易日每分钟平均成交量之比
最新	指买卖双方的最新一笔成交价。当日收盘时的最后一笔成交价，为当日收盘价
涨跌	当日该股上涨和下跌的绝对值，以元为单位
涨跌幅度	从开盘到现在的上涨或下跌的幅度。若涨跌幅度为正值，数字显示为红色，表示上涨；若涨跌幅度为负值，数字显示为绿色，表示下跌。涨跌幅度的大小用百分比表示。收盘时的涨跌幅度即为当日的涨跌幅度
总笔	从开盘到当前的总成交手数。收盘时总笔表示当日成交的总手数
现手	最新一笔成交的手数

续表

项目	说明
内盘	即主动性卖盘,按市价直接卖出后成交的总手数,成交价为买入价
外盘	即主动性买盘,按市价直接买进后成交的总手数,成交价为卖出价

内盘和外盘在分时走势图中具有非常重要的地位。若外盘大于内盘且股价上涨,表明有很多投资者在抢盘买入股票;若内盘大于外盘且股价下跌,则表明有很多投资者在抛售股票。

二、K线走势图

透过K线走势图能全面、透彻地观察市场的变化,掌握市场整体的变化趋势及每天市场的变化情况。

(一)K线走势图的组成

K线走势图是由三部分组合而成。上半部分是K线走势图,中间部分是成交量显示图,下半部分是某一个或某些指标图(图1-3,图1-4)。

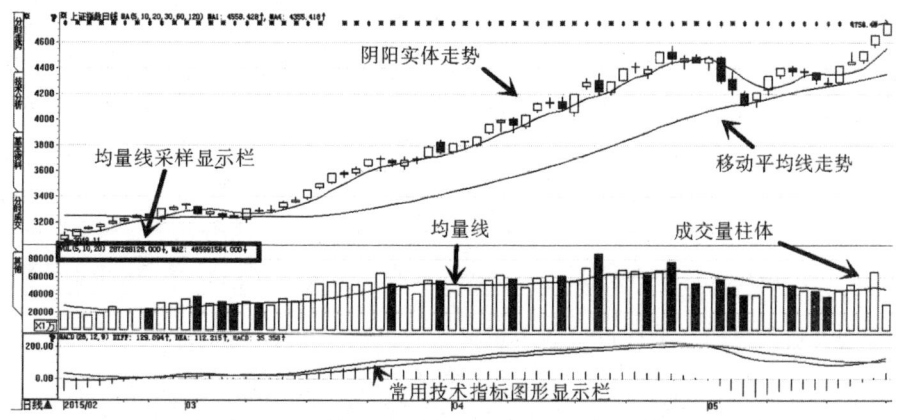

图1-3 2014年4月~2015年3月上证指数K线图

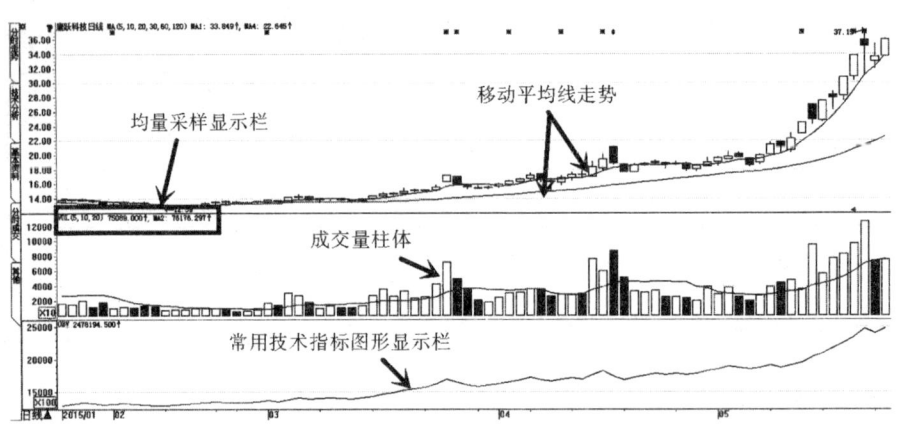

图1-4 2015年1月~5月康跃科技日K线图

（二）K线图注释表

为了方便新股民朋友阅读和理解，我们特意将K线走势图中的重要组成部分及其含义制成表格，以方便掌握（表1-3）。

表1-3 K线走势图重要组成部分注释表

项目	说明
均量线采样显示栏	均量线采样显示栏可以显示多个不同时期的移动平均线在某一个交易日的数值
移动平均线走势	一般设3条移动平均线（具体情况不同，设置线数也可不同），分别用不同颜色表示
均量线	一定时间内成交量的算术平均值连成的曲线，同时参照了移动平均线的原理以成交量移动平均数来研判行情趋势的一种技术指标
成交量柱体	红色柱体表示大盘指数或个股价格收阳时的成交量，黑色柱体表示大盘指数或个股价格收阴时的成交量
常用技术指标显示栏	该栏可以根据采样需要任意选择技术指标。比如，MACD、BOLL、KDJ等指标

可以说K线走势图是新股民朋友进入股票市场的大门。熟悉K线走势图有利于新股民朋友顺利进行股市投资活动，所以一定要重视K线走势图。

三、看盘到底看什么

股市中的一切信息都会通过大盘及时地表现出来。引起股票市场变化的因素有很多,它们最终都会通过盘面表现出来。所以,股民朋友可以从大盘中获取很多信息。那么,大家应从哪些方面来收集有用的信息呢?

(一)热点的转换

股市中一般有三种热门题材始终被用来炒作:热点、资产重组、绩优成长。无论市场属于何种行情,这些热门题材永远都会受到大家的关注。牛市中,热点板块是大热门,甚至能出现连续涨停现象;而在熊市中,热点板块也可以逆势而出。

2014年的股市终于从熊市中苏醒。作为带有高科技色彩的航天军工板块更是火得"一塌糊涂",这不仅仅是因为其有着国防建设的深厚背景,还因为科技发展关系国家的发展,关系到个人的前途和命运。因此,航天军工板块指数从2014年4月29日的3579点攀升到2015年3月26日的8331点,涨幅达132.77%(图1-5)。

图1-5 2014年4月~2015年3月航天军工板块指数日K线图

新入市的投资者可以观察当天股票的涨跌幅度来寻找热点板块。分析大盘中涨跌排行榜中排名靠前的股票，是由长线资金还是短线资金在运作。长线资金关注的往往是具有内在价值的股票，其上涨势头能维持较长时间。若排名靠前的是小盘股，则容易被短线资金重点关注，这类股票前期表现强势，但最后通常颓势尽显。

（二）指数异动

指数突然暴涨或者暴跌，并且没有任何的征兆，这种现象叫作指数异动，也被称作异动走势。在这种情况下，若轻易地根据分时走势图进行投资，是非常容易失败的。

在实际投资的过程中，新股民朋友可以选择重点关注一些龙头股，因为一些普通的股票很难带动指数产生异动，而龙头股作为股市中的佼佼者，它的剧烈变化很可能促使大盘"变脸"，也就容易出现指数的暴涨暴跌现象。

（三）主力进出的变化

主力有着强大的实力，其买入、卖出、拉升等行为会对股票造成极大的影响。很多投资者会通过各种渠道多方面地打探主力有何动作，试图跟着主力的脚步获利。

其实不用刻意去打探主力的消息，盘面上的成交量可以很好地反映主力的进出。主力用大量资金买入或卖出，导致股价变化的同时成交量也会发生相应增减变化。

股票市场中很有可能由点及面，小的动作即造成大影响。所以，投资者要仔细观察成交量和股价的关系。

四、看懂各类指数

指数是根据某些采样股票或债券的价格所设计并计算出来的统计数据，它主要被用来衡量股票市场或债券市场的价格波动情形。对于股民朋友来说，各类指数就如同股市的风向标，股民要在股市中把握住转瞬即逝的套利良机，首先要做的就是掌握、了解各类指数，从大势中寻找介入的时机，增加获利的概率。

（一）股价指数

股票价格指数是用来描述股票市场总体价格水平变化的指标。它选取出具有代表性的股票，以某段时间或某个具体日期为基期，基期的股价指数为常数，之后各期股价指数的计算公式为：

各期的股价指数 = 计算期内的股价平均值 ÷ 基期股价 × 常数

可通过以下四步计算出股价指数：

（1）选择样本股。样本股的选取范围为具有较高代表性的部分或者全部上市公司，以便能够精准地反映市场的整体趋势。

（2）选定基期。通常会将具有代表性或者股价相对稳定的日期作为基期，从而使计算出的平均股价更准确。

（3）计算平均股价并作一定的修正。收集样本股在一段时期内的收盘平均价并按选定的方法计算平均价格。

（4）计算结果指数化。把基期平均股价设置为一个常数，依据这个常数来算出计算期内（即以基期为起始日期，直到截止日期内的时间）股价的指数值。

目前我国股市只有上证指数系列和深证指数系列两种指数系列。如果新股民朋友想要将沪深指数作为判断行情走势的指向标，就需要了解、掌握各类指数的构成，以便提高投资的成功率。

上证指数是由上海证券交易所编制的，是国内外普遍采用的衡量中国证券市场表现的权威统计指标，主要包括上证180指数、上证50指数、A股指数（图1-6）、B股指数、分类指数、债券指数等。

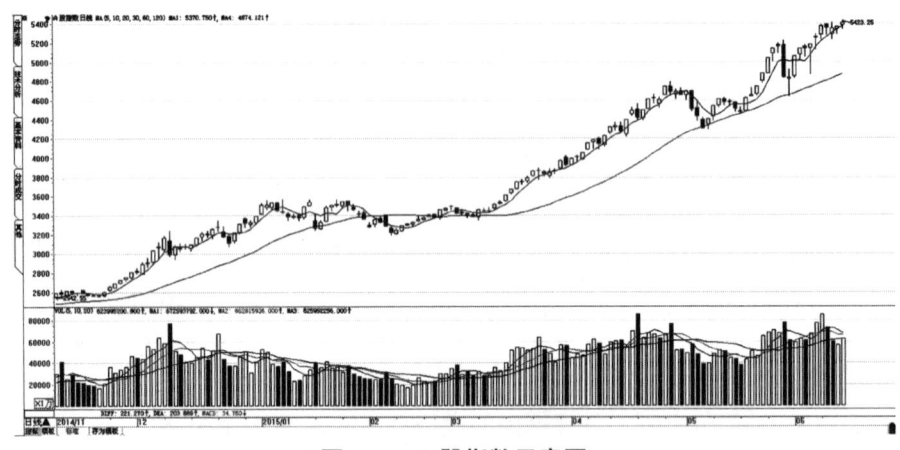

图1-6　A股指数示意图

（二）上证指数系列

1. 上证综合指数（图1-7）

上证综合指数即我们通常所说的上证指数，是上海证券交易所最早编制的指数。上证指数系列均采用派许加权综合价格指数公式计算，其计算公式为：

报告期指数 =（报告期样本股总市值 / 基期总市值）× 100

其中，指数的股本数取样本股的发行股数，总市值取市价总值。

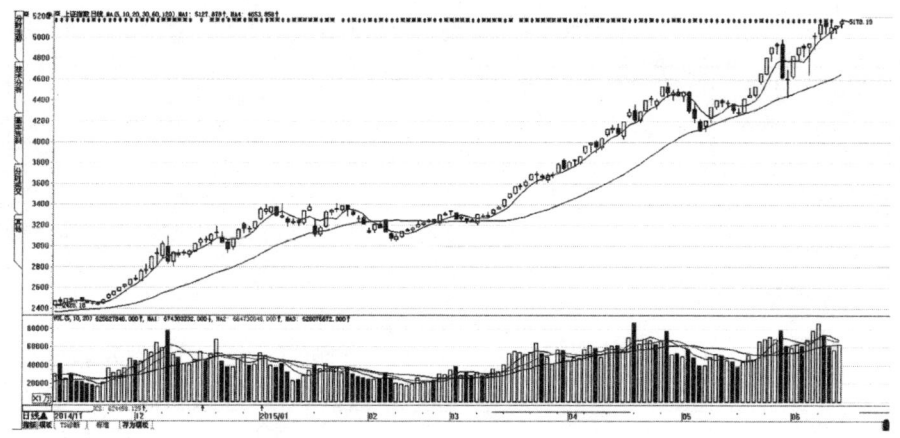

图 1-7　上证综合指数示意图

2. 上证 180 指数（图 1-8）

2002 年 6 月，上海证券交易所对原有的上证 30 指数进行了调整，并正式更名为上证成分股指数，简称上证 180 指数。这次调整推动了证券市场基础建设的长远发展和规范化进程，更是结合了中国证券市场发展的现状，并借鉴了国际经验，旨在通过科学客观的方法挑选出最具代表性的样本股票，建立一个能反映上海证券市场概貌和运行状况，并且能够作为投资评价尺度及金融衍生产品基础的基准指数（表 1-4）。

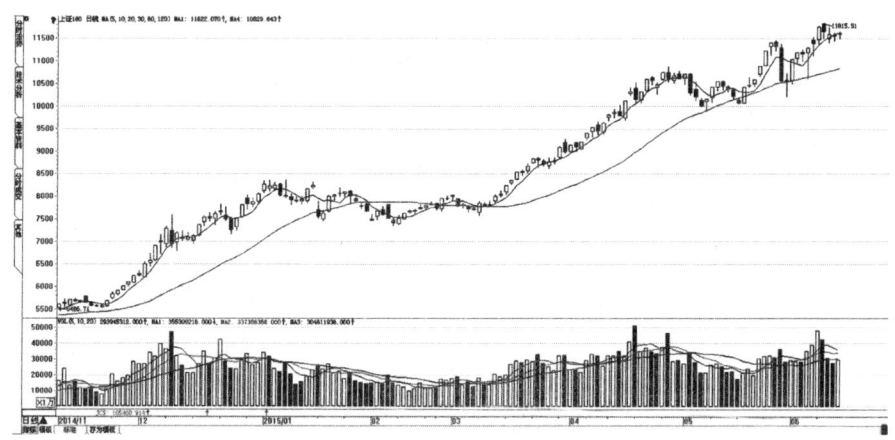

图 1-8　上证 180 指数示意图

表 1-4 上证指数系列表

指数类型	指数名称	基准日期	基准点数	备注
样本指数类	上证180指数	2002-06-28	3299.06	上证180指数是上交所对原上证30指数进行了调整并更名而成，其样本股是在所有A股股票中抽取最具有市场代表性的180种样本股票，自2002年7月1日起正式发布。作为上证指数系列核心的上证180指数的编制方案，目的在于建立一个反映上海证券市场的概貌和运行状况、具有可操作性和投资性、能够作为投资评价尺度及金融衍生产品基础的基准指数
	上证50指数	2003-12-31	1000	上证50指数是根据科学客观的方法，挑选上海证券市场规模最大、流动性好的最具代表性的50只股票组成样本股，以便综合反映最具市场影响力的一批龙头企业的整体状况。上证50指数自2004年1月2日起正式发布。其目标是建立一个成交活跃、规模较大、主要作为衍生金融工具基础的投资指数
样本指数类	上证红利指数	2004-12-31	1000	上证红利指数挑选在上证所上市的现金股息率高、分红比较稳定、具有一定规模流动性的50只股票作为样本，以反映上海证券市场红利股票的整体状况和走势。该指数2005年1月4日发布。上证红利指数是上证所成功推出上证180、上证50等指数后的又一次指数创新，是满足市场需求、服务投资者的重要举措。上证红利指数是一个重要的特色指数，它不仅进一步完善了上证指数体系和指数结构，丰富了指数品种，也为指数产品开发和金融工具创新创造了条件
	上证180全收益指数	2002-06-28	3299.06	上证180全收益指数（简称上证180全收益）是上证180指数的衍生指数，与上证180指数的区别在于指数计算中将样本股分红计入指数收益，供投资者考量指数走势
	上证50全收益指数	2003-12-31	1000	上证50全收益指数（简称上证50全收益）是上证50指数的衍生指数，它与上证50指数的区别在于指数计算中将样本股分红计入指数收益，供投资者从不同角度考量指数走势
	上证红利全收益指数	2004-12-31	1000	上证红利全收益指数（简称红利指数全收益）是上证红利指数的衍生指数，与上证红利指数的区别在于指数计算中将样本股分红计入指数收益，供投资者从不同角度考量指数走势

续表

指数类型	指数名称	基准日期	基准点数	备注
综合指数类	上证综合指数	1990-12-19	100	上证综合指数的样本股是全部上市股票，包括A股和B股。从总体上反映了上海证券交易所上市股票价格的变动情况，自1991年7月15日起正式发布
	新上证综合指数	2005-12-30	1000	新上证综合指数由当前沪市所有已完成股权分置改革的股票组成；此后，实施股权分置改革的股票在方案实施后的第二个交易日纳入指数；指数以总股本加权计算；新上证综合指数于2006年1月4日发布
分类指数类	上证A股指数	1990-12-19	100	上证A股指数的样本是全部上市A股，反映了A股的股价整体变动情况，自1992年2月21日起正式发布
	上证B股指数	1992-02-21	100	上证B股指数的样本股是全部上市B股，反映了B股的股价整体变动情况，自1992年2月21日起正式发布
分类指数类	工业指数	1993-04-30	1358.78	上海证券交易所对上市公司按其所属行业分成五大类别：工业类、商业类、房地产类、公用事业类、综合业类，行业分类指数的样本股是该行业全部上市股票，包括A股和B股，反映了不同行业的景气状况及其股价整体变动状况，自1993年6月1日起正式发布
	商业指数	1993-04-30	1358.78	
	地产指数	1993-04-30	1358.78	
	公用指数	1993-04-30	1358.78	
	综合指数	1993-04-30	1358.78	
其他指数类	基金指数	2000-05-08	1000	基金指数的成份股是所有在上海证券交易所上市的证券投资基金，反映了基金的价格整体变动状况，自2000年6月9日起正式发布
其他指数类	上证国债指数	2002-12-31	100	上证国债指数是以上海证券交易所上市的所有固定利率的国债为样本，按照国债发行量加权而成。自2003年1月2日起对外发布，基日为2002年12月31日，基点为100点，指数代码为000012。上证国债指数是上证指数系列的第一只债券指数，它的推出使中国证券市场股票、债券、基金三位一体的指数体系基本形成。推出上证国债指数的目的是反映中国债券市场整体变动状况，是中国债券市场价格变动的"指示器"。上证国债指数既为投资者提供了精确的投资尺度，也为金融产品创新夯实了基础

续表

指数类型	指数名称	基准日期	基准点数	备注
其他指数类	上证企业债指数	2002-12-31	100	上证企业债指数是按照科学客观的方法，从国内交易所上市企业债券中挑选了满足一定条件的具有代表性的债券组成样本，按照债券发行量加权计算的指数。指数基日为2002年12月31日，基点为100点，指数代码为000013，指数简称为企债指数

（三）深证指数系列

深证指数是由深圳证券交易所编制的股价指数，该指数以所有在深圳证券交易所挂牌上市的股票为计算样本，市场代表性好，是新股民朋友研究深圳股市中的股票价格不可缺少的依据指标（图1-9）。

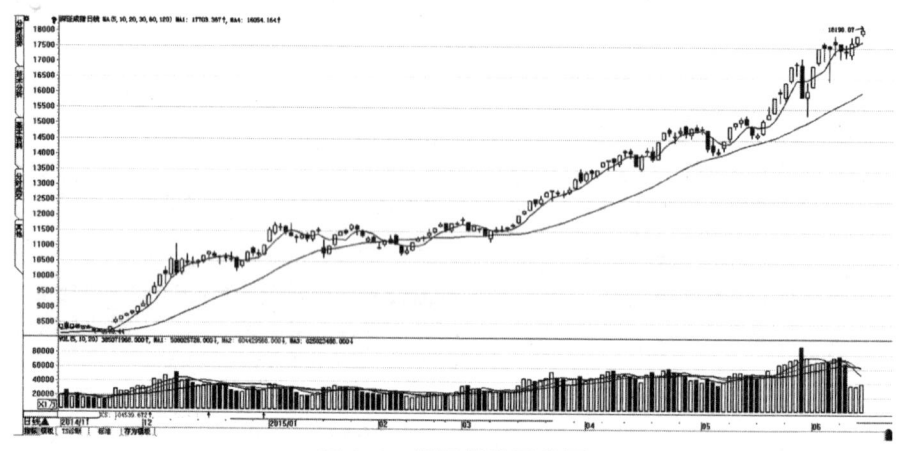

图1-9 深证指数示意图

深圳成份指数选取了市场中最具有代表性的40家上市公司股票作为样本股，用来综合反映深交所上市A、B股的价格走势（表1-5）。

表1-5 深证指数系列表

指数名称	基准日期	基准点数
深证综合指数	1991-04-03	100
深证A股指数	1991-04-03	100

续表

指数名称	基准日期	基准点数
深证B股指数	1992-02-28	100
成分股指数	1994-07-20	1000
深证基金指数	2000-06-30	1000

（四）沪深300指数（图1-10）

上证指数和深证指数只能片面地表现两个市场的行情指数，为了能够全面地反映整体股票市场的走势，沪深证券交易所于2005年4月8日联合发布了反映A股市场整体走势的指数，也就是现在能够查询到的沪深300指数。编制沪深300指数的目的是为了更好地反映出中国证券市场股票价格变动的整体概况和运行状况。

沪深300指数的出现，为指数化投资和指数衍生产品创新提供了基础条件。它的基础样本选自沪深两个证券交易市场中市场代表性好、流通性高、交易活跃的主流投资股票，这样的基础样本奠定了其能够反映市场主流投资收益情况的基础。

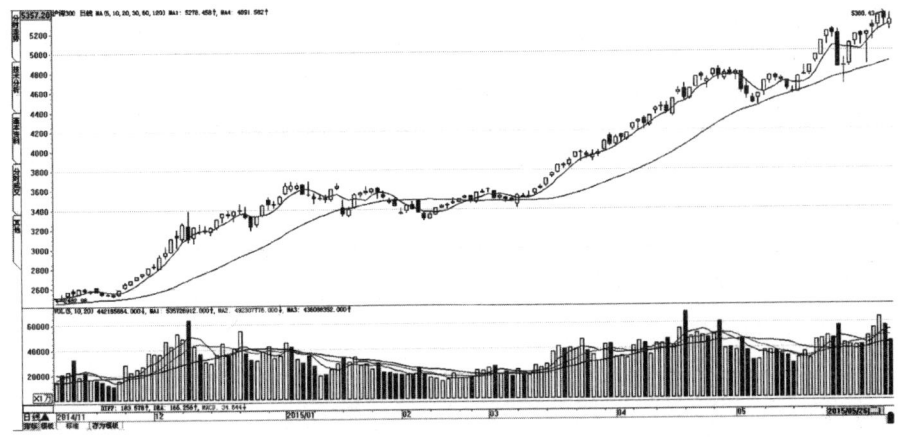

图1-10　沪深300指数示意图

从沪深300指数的编制方法上来看，它主要有如下三个特点：

（1）以自由流通量作为权重计算依据。这与上证综指以总股本为权重的做法不同，这样的编制方法增强了指数的抗操纵性。在编制沪深300指数的时候，首先要确定样本股的自由流通股本，然后再对这些数据进行分级靠档，获得调整股本，最后再以这些调整后的股本作为计算指数的权重。沪深300指数以调整后的自由流通股本为权重，更能真实反映出市场中可以实际交易股份的股价变动情况，从而最大化地避免大盘股操纵指数发生变化的情况发生。

（2）采用分级靠档技术。这样做可以确保样本公司用于指数计算的股本数更加稳定，从而有效降低了股本频繁变动所带来的不利影响。在上市公司实际运作过程中，其自由流通股本可能会随着时间的推移而发生变化，有时甚至是频繁变化，为了减少这种变化带来的影响，确保指数具有一定的稳定性，在编制沪深300指数的时候，采用了分级靠档的方法，即以自由流通股本与A股总股本的比值，加一定的加权比例计算，从而保证计算出的数据更加稳定，可信度更高。

（3）样本调整时设置缓冲区。沪深300指数样本股定期调整的时候，采用了缓冲区规则，即赋予排在前240名的新样本股优先进入指数的权利，排名在360名之前的老样本则优先保留，这样做就能有效降低指数样本股的周转率。缓冲区这种技术的应用，可以确保每次调整的幅度都能被控制在一定区域内，从而使指数能够保持良好的连续性。

沪深300指数的样本涵盖了沪深两市近60%的市值，因此它具有良好的市场代表性以及可参考性。股民朋友可以通过对沪深300指数的分析，全面把握我国股票市场的整体运行情况。

沪深300指数的出现意味着中国证券市场具备了反映A股市场整体面

貌的指数。随着时间的推移，人们对沪深 300 指数的评价越来越高。他们认为，沪深 300 指数的市值覆盖率很高、与上证 180 指数以及深证 100 指数等其他市场指数的关联性强、样本股集中了沪深两市中的大量优质股票。所以，沪深 300 指数也被业内人士称为沪深两市市场整体走势的"晴雨表"。而对于新股民朋友来说，想要了解市场的整体情况，就需要了解沪深 300 指数。

第二章 ◉ 看盘先看势

如何看懂大盘？看懂大盘的趋势等于看懂大盘。何为趋势？大盘中，高位形成顶部，低位形成底部，在一高一低中造就趋势。投资之道在顺水行舟、顺势而为，顺趋势者胜，逆趋势者败。

一、行情是大盘的风向标

行情趋势的方向往往决定着大盘方向，上升行情大盘上升，下跌行情大盘下跌。在一段明显的上升行情内，股票持续长时间走高实属正常；但在一段下跌行情中，若还有股票能持续走高，那可真是"珍稀物种"了。因此，发掘行情趋势，学会在上升行情发生时入场，往往会使新股民朋友获利。

（一）牛市

在一段时期内的上升行情可被定义为牛市。通俗地说，牛市即整体看涨，买方实力较强且能持续一段时间的行情。

2015年1月~5月，典型的牛市行情在这一时间段得到明显的体现。在这种大趋势的带动下，大多数个股都保持着一种强劲的上涨态势。例如，新疆天业（股票代码：600075），其股价从2015年1月19日的6.46元上涨至2015年5月20日的12.00元，涨幅达85.76%。这种大牛市行情也带动了新一波的炒股热（图2-1，图2-2）。

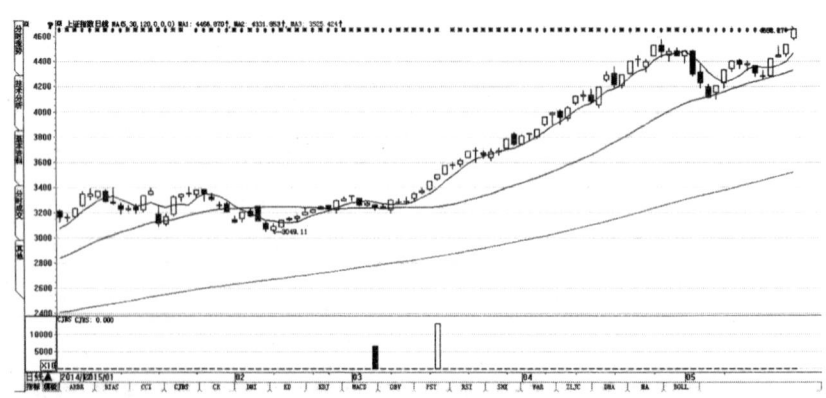

图2-1　2015年1月~5月上证指数日K线图

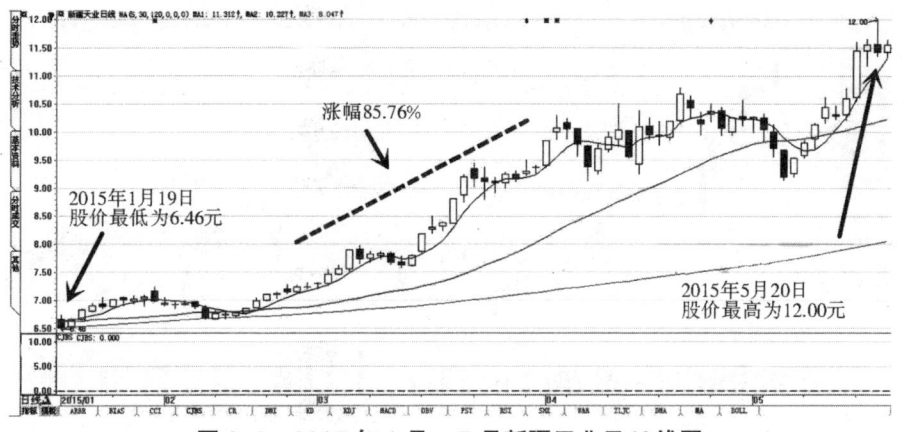

图 2-2　2015 年 1 月～5 月新疆天业日 K 线图

（二）熊市

相较于牛市，熊市就是持续一段时间的下跌行情。通俗地说，熊市即大部分股票下跌，股市低迷，卖方力量较强且持续一段时间的下跌行情。

下跌熊市行情是上升牛市行情的对立面，它绝对是股民的噩梦。新股民朋友应尽量避免在这种行情中入场，因为这种情况下炒股需要足够的经验和技术支持。

2013 年 12 月至 2014 年 4 月，上证指数从 2200.87 点滑落至 1974.38 点，下跌幅度达 10.29%。在这段时间，一些投资者的日子并不好过。在这种熊市行情下，一些个股出现较大幅度的跌幅实属正常。例如，新湖中宝（股票代码：600208）的股价在这一时间段内下跌了 28.61%（图 2-3，图 2-4）。

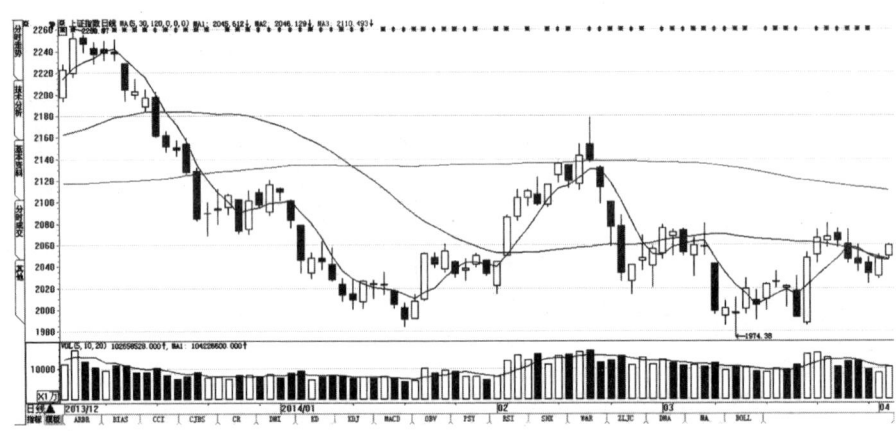

图 2-3　2013 年 12 月～2014 年 4 月上证指数日 K 线图

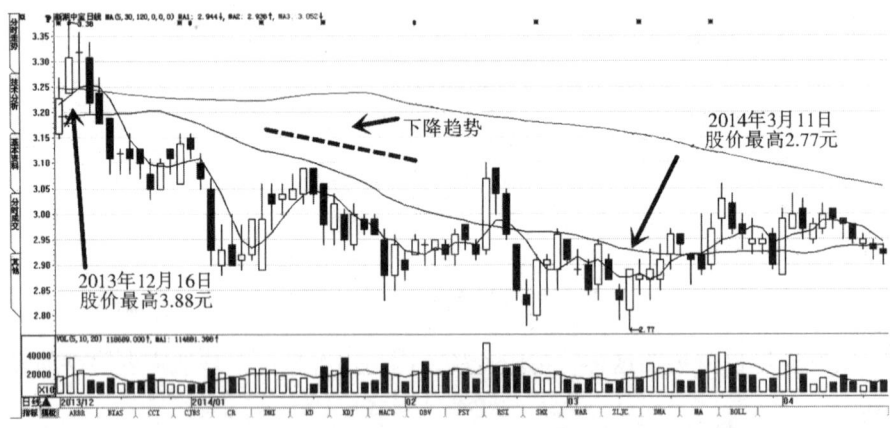

图 2-4　2013 年 12 月～2014 年 4 月新湖中宝日 K 线图

（三）没有永远的牛，也没有永远的熊

股市无绝对，没有永远的牛，也没有永远的熊。在牛市中亏损并不少见，在熊市中获利也并非不可能。新股民朋友要时刻提醒自己，股市中无论是上升趋势还是下降趋势都是概率性事件。只有时刻保持警惕，增强自我风险防范意识，才能保证在其中活下去，慢慢成长为一名股市高手。

二、宏观趋势给盘口带来的影响

影响宏观趋势的因素包括资金供求关系、利率、通货膨胀、进出口税率等，盘口的发展趋势在一定程度上受其影响，有时整个股市的格局都会受到宏观趋势改变的影响。因此，新股民朋友必须了解宏观趋势对盘口的重大影响，学会抓住宏观趋势的变化，做股市中的赢家。

（一）资金供求关系

股票是一种有价证券，它的价格取决于市场资金供给的大小。当资金供给远大于股票供给时，股价多呈现上涨趋势；当资金供给小于股票供给时，股价上涨就明显有种力不从心的感觉。所以我们常说，资金供求关系在影响股市涨跌的众多因素中是最直接、最鲜明的因素。

政策的宏观调控，往往出现在当股市整体股价与实际价值出现大幅偏差时，其目的是改变当前资金供求的关系，使股票市场平稳地发展。股票具有一定保值、增值的特性。资金供求关系变化是在其在拥有一定资金回报率的情况下，投资者不能抵抗其诱惑所导致的。

（二）利率

对于大盘来说，利率是最敏感的风向标，任何风吹草动都会引起股市的价格变动。通过图2-5，可以明显看出其与股市之间的杠杆效应。

由图2-5可知，利率上升，股价下跌；利率下跌，股价上升，利率与股价之间的反向运动显而易见。造成股市中这种规律的形成因素主要有以下几点：

（1）利率高低对上市公司的影响。利率上升对于上市公司来说，直接导致其借款成本的增加，获取资金的难度自然就加大了。最直接的影响就是公司不得不缩小生产规模，以后的利润也随之降低，股价不可避免地下跌。反之，股价上涨。

（2）利率高低对于投资者的影响。利率上升，投资者往往会对折现产生较大的欲望，从而导致股票预期价值降低，股价的降低也正是对其投资价值降低的响应。反之，股票升值，股价上涨。

（3）资金的流动。利率上升，股市中的一部分资金会流入银行和债券之中，导致市场上的股票需求变少，股价由于资金外流呈现下跌趋势；反之，利率下跌，资金流入，股价上涨。

数据调整时间	存款基准利率			贷款基准利率			次日指数涨跌	
	调整前	调整后	调整幅度	调整前	调整后	调整幅度	上证	深证
2015年05月11日	2.50%	2.25%	-0.25%	5.35%	5.10%	-0.25%	4.64%	4.04%
2015年02月28日	2.75%	2.50%	-0.25%	5.60%	5.35%	-0.25%	0.79%	1.07%
2014年11月22日	3.00%	2.75%	-0.25%	6.00%	5.60%	-0.40%	1.85%	1.32%
2012年07月06日	3.25%	3.00%	-0.25%	6.31%	6.00%	-0.31%	1.01%	2.95%
2012年06月08日	3.50%	3.25%	-0.25%	6.565	6.31%	-0.25%	0.51%	0.50%
2011年07月07日	3.25%	3.50%	0.25%	6.31%	6.56%	0.25%	-0.58%	-0.26%
2011年04月06日	3.00%	3.25%	0.25%	6.06%	6.31%	0.25%	0.22%	1.18%
2011年02月09日	2.75%	3.00%	0.25%	5.81%	6.06%	0.25%	-0.89%	-1.53%
2010年12月26日	2.50%	2.75%	0.25%	5.56%	5.81%	0.25%	-1.90%	-2.02%
2010年10月20日	2.25%	2.50%	0.25%	5.31%	5.56%	0.25%	-0.61%	1.09%
2008年12月23日	2.52%	2.25%	-0.27%	5.58%	5.31%	-0.27%	-4.55%	-4.69%
2008年11月27日	3.60%	2.52%	-1.08%	6.66%	5.58%	-1.08%	1.05%	2.29%
2008年10月30日	3.87%	3.60%	-0.27%	6.93%	6.66%	-0.27%	2.55%	1.91%
2008年10月09日	4.14%	3.87%	-0.27%	7.20%	6.93%	-0.27%	-0.84%	-2.40%
2008年09月16日	4.14%	4.14%	0%	7.47%	7.20%	-0.27%	-4.47%	-0.89%

图 2-5　2008 年～2015 年利率变化以及股市变化情况

三、决定股市短期趋势的三大因素

股市中的定向增发、突发事件和证监会的决策是对股市的短期趋势有非常重要的指向性影响的三大因素。这三大因素有时会在短时间内改变股市的投资格局或投资热点，其重要意义不言而喻。股民朋友若能很好地

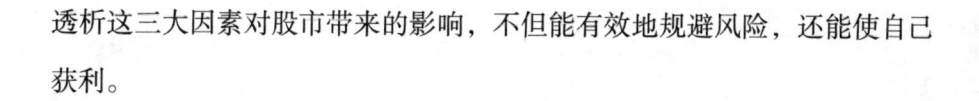

透析这三大因素对股市带来的影响，不但能有效地规避风险，还能使自己获利。

（一）定向增发

定向增发是指非公开发行，即向特定投资者发行股票，简单地说就是海外非常普遍的私募。通常，定向增发都会给上市公司的业绩增长带来积极的影响，所以在基本面信息中定向增发是一个积极的信息。

（1）定向增发为上市公司带来的积极影响。从长远来看，通过定向增发可以对上市公司长远发展目标作好铺垫；从短期来看，通过定向增发大都可以实现目标公司的整体上市，将整个基本面抬升到新的水平。

（2）定向增发对于市场的影响。对于一级市场来说，可以提供更多的题材，有利于引入战略性投资者，抬升市场人气；对于二级市场来说，定向增发的个股绝对是二级市场中的资金追捧对象。可见，定向增发在短期内不但不会对股市产生负面影响，反而为市场提供了更多的投资选择机会作出了贡献。

南洋科技[1]（股票代码：002389）在2015年1月16日发布增发预案，其股价在当日直接跳空高开，并在随后的两个月内快速上涨，为股民带来丰厚的利润回报（图2-6）。

---

[1] 南洋科技于2018年12月更名为航天彩虹。

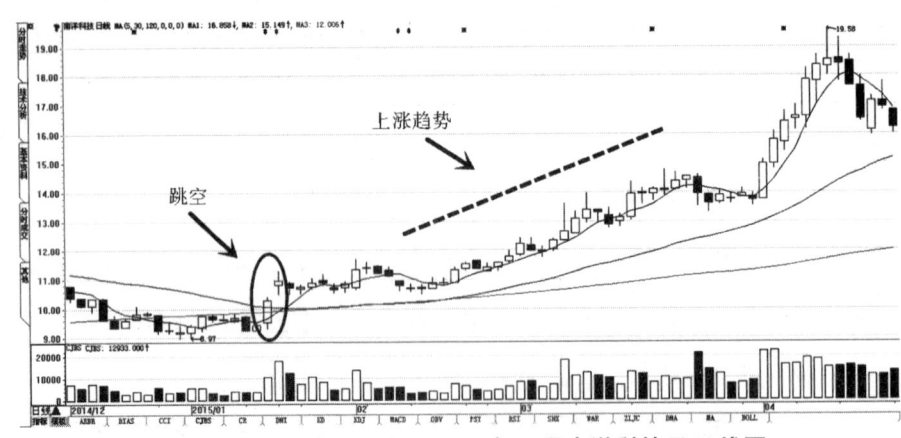

图 2-6　2014 年 12 月～2015 年 4 月南洋科技日 K 线图

（二）突发事件

股市从来都不可能独立运行，任何突发的重大事件，都会给大盘的短期走势带来重大影响。

2014 年 2 月 16 日，尼泊尔航空的一架 DHC-6 双水獭飞机在尼泊尔博克拉丛林西南方 74 千米的林地坠毁。次日，南苏丹又发生了一起货运飞机坠毁事故。受接连发生的国际航空事故影响，东方航空（股票代码：600115）股价在随后的几个交易日内连续下跌（图 2-7）。重大突发事件的特点就是牵动性极强，在一系列的股市反应后，整个大盘往往会受到波及（图 2-8）。

突发事件对于股市的影响都有一定的规律性的。在股市行情火爆的时候，突然发生的利空事件往往会导致个股下跌；突然出现的利好事件，产生的影响就相对较小。而股市在行情低迷的时候，一个突然出现的利好事件，往往会引发个股迅速回暖。

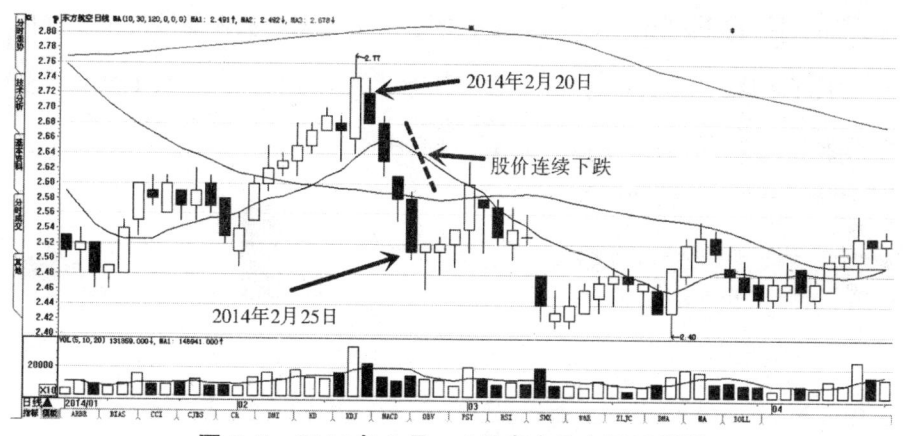

图 2-7　2014 年 2 月~4 月东方航空日 K 线图

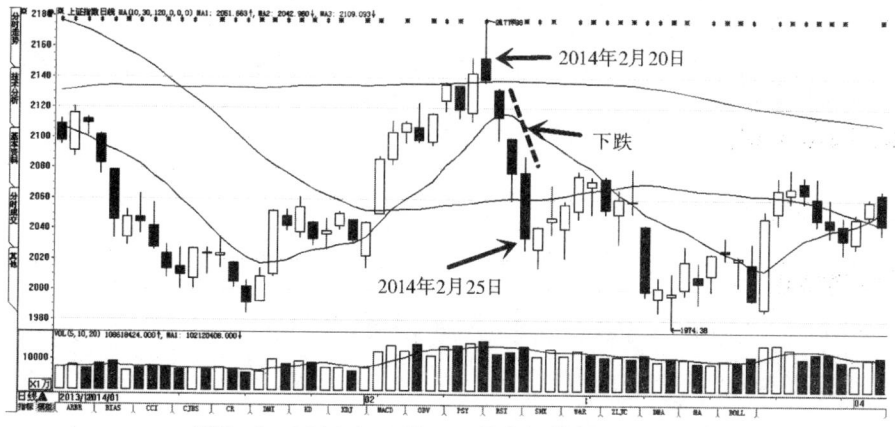

图 2-8　2014 年 2 月~4 月上证指数日 K 线图

（三）证监会的决策

证监会存在的意义就是依照法律、法规和国务院授权，统一监管全国证券期货市场，维护证券期货市场秩序，保障证券市场合法运行，所以每当证监会的重大政策信息出台后，都会引起股市的变化。

2014 年 9 月 1 日上午，深圳股票交易所召开干部大会，会议上明确了主要负责人的调整事宜。同时指出，深交所作为资本市场资源配置的平台，要进一步拓宽服务实体经济的广度和深度，深交所要进一步壮大中小板市场，加快推进创业板改革。在此消息的影响下，创业板在随后的半个月呈持续上涨态势。由此可见，证监会的任何"风吹草动"对于股市都有着一定的影响，投资者对其应保持格外的注意（图2-9）。

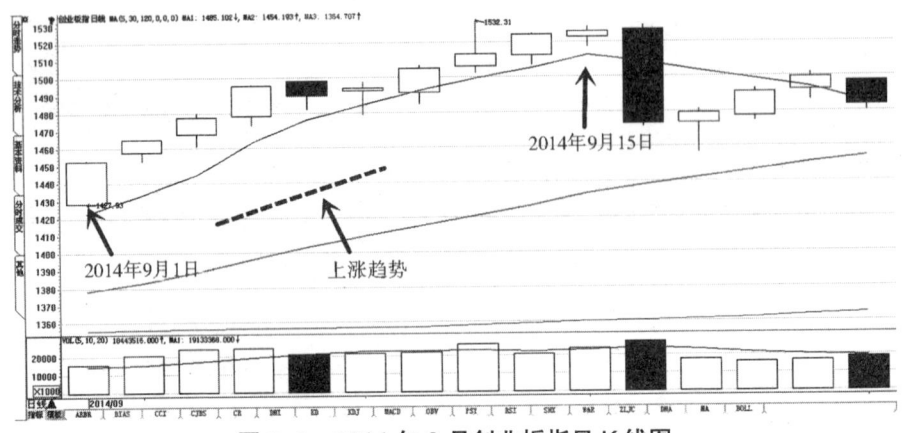

图2-9　2014年9月创业板指日K线图

四、透过窗口看大势

随着时代的进步，股民获取影响大盘走势信息的方法呈多样化发展，越来越多的信息充斥在股市中。吸收正确的信息，关键在于获取信息的渠道要权威、可信。所以，对于初入股市的朋友来说，获取真正有价值的信息便成为盈利的一大要素。

（一）权威证券网站

由于权威证券网站公布的信息有非常强的针对性，所以，来自权威证券网站的信息对于投资者来说是重要的。

网络炒股由于其方便、快捷、信息量大等优势，正在逐渐演变成炒股的主要方式，但对于权威证券网站的甄别，投资者一定要擦亮眼睛仔细观察，并不是只要有"证券""股票"等字眼的证券网站，就是权威的证券网站，有些网站实质上徒有其表。

为了方便新股民朋友们参考，特附上几个国内权威证券网站的网址：

《凤凰财经》：http://finance.ifeng.com

《第一财经》：http://www.yicai.com

《新华财经》：http://www.xinhuanet.com/fortune/

《和讯网》：http://www.hexun.com

《中证网》：http://www.cs.com.cn

《中国证券网》：http://www.cnstock.com

《中国财经信息网》：http://www.cfi.net.cn

当今社会，网络炒股已经普及，但是否拥有一定的防范意识和鉴别能力，决定了很多投资者在网络炒股中的风险大小。因此，能否学会仔细、认真地辨别网络信息的真伪就成为能否在股票市场中获利的重要因素。

（二）权威新闻媒体

新闻媒体是信息的传播者，也是股市投资者获取信息的基本途径之一，媒体报道中各式各样的消息也是投资者投资的依据。由于目前的新闻媒体解读信息的技术水平参差不齐，所以，新股民朋友还是应重点关注中央电视台等权威媒体发布的政策信息。

2015年5月15日星期五，中央电视台《新闻联播》播报了一篇题为《中国装备走出去：有实力 才有市场》的报道。经过多年的综合实力积累，中国装备制造业许多产品产量已位居世界前列。铁路、建材、工程机械等更成为在国际竞争中具有优势的领域。在国家"一带一路"建设带动下，中国装备"走出去"正加速前行。这篇报道的出现极大地刺激了股市中重工企业。

振华重工（股票代码：600320）是重型装备制造行业的知名企业，控股方为世界 500 强之一的中国交通建设公司。在权威媒体的消息刺激下，该股在消息播出后的第二个交易日就形成了跳空高开的现象（图 2-10）。

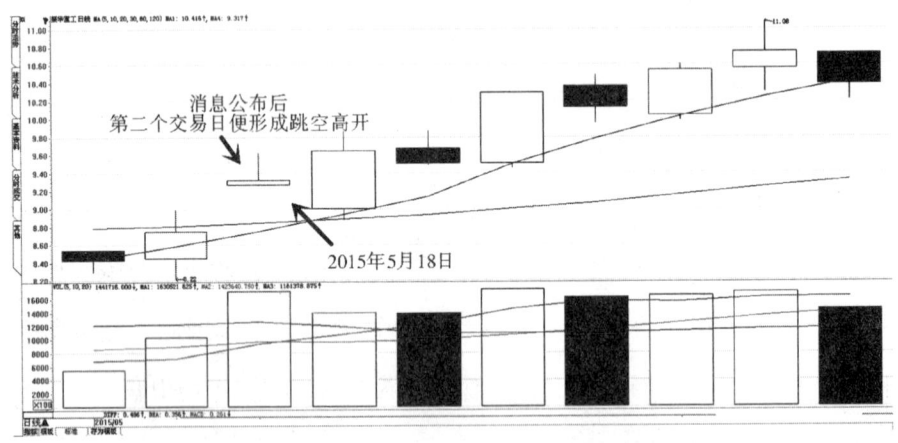

图 2-10　2015 年 5 月振华重工日 K 线图

（三）知名机构和券商的研究报告

随着股市的不断发展，价值投资的理念越来越深入股民的心中，投资者也越来越关注公司的基本面，在这种大环境的趋势下，一些主要反映企业基本面的研究报告逐渐增多。研究报告所反映的信息量通常较大，多是由证券机构通过大量人力配合所获得的，若投资者能够合理运用，这些研究报告足以成为良好的投资依据。

研究报告一般都是由证券公司提供给客户的，不会公开，而且，普通投资者获取相关研究报告的渠道并不多，针对这种情况我们列出以下几种获取方式，供新股民朋友参考。

（1）网络。很多研究报告，尤其是一些深度研究报告可以通过百度工具等找到，一些专门的股票投资论坛上也时常有一些时效性很强的研究报告。所以，在网上搜索研究报告可以作为股票投资者搜索信息的一种方式。

（2）定期出版的报纸。专门的证券类报纸和杂志不断地刊登专业研究人员发布的研究报告。例如，《中国证券报》《证券日报》等，每天都会发布很多最新的股票评级。

（3）手机股市应用软件。伴随着科技的发展和社会的不断进步，多样化的炒股方式陆续登场，手机股市应用软件也成了获取股市相关信息的重要途径。比如，投资者从"股市头条""同花顺"等软件中获得股市的相关信息。这种方式不仅具有准确、及时的优点，而且比传统方式更加便捷，可以使股民随时随地都能掌握股市的最新动态。

纵观股市历史，某些牛市甚至被定义为"研究报告所引发的牛市"，由此可见，研究报告在现在的股票交易中所获得人们重视的程度。因此，新股民朋友要想增加在股市投资中获利的概率，就有必要关注研究报告，并挖掘出研究报告中那些含金量较高的信息。

五、消息不等于趋势

在股市中，只有真正有价值的消息才能影响大盘的走势。大盘消息有真假之分，假消息透露出错误的趋势信息，误导投资者进行错误投资，导致亏损；真消息有时会影响大盘趋势，有时也会对大盘趋势影响较少甚至是没有影响。所以对于每一位投资者来说，任何消息都应该理性对待，仔细筛选。

（一）"内幕消息"不可靠

"内幕消息"，在股民当中是一个经常提到的词语，它代表了一群不理性的投资者基于一些不可靠的内幕新闻、小道消息、闲聊的话题等非正规途径传播的消息作出对某只股票未来趋势的预判。这些通过内幕消息进行操作的投资者往往会得到令人失望的结果。但这依然阻止不了有些人乐此不疲地相信所谓的"内幕消息"。出现这种现象大致有以下两种原因：

（1）有时炒股需要具备一种逆向思维。在这种前提下，部分股民会认为一些会被大多数股民获悉的正规渠道传播的消息也就失去了参考价值，而一些不为很多人所知的"内幕消息"才值得重视。

（2）很多所谓的"内幕消息"其实是主力故意散播出来的，为的就是吸引股民的注意力，好接过其手中的筹码。通常主力以这种方式派发筹码的时候，都会先给予股民一些小恩小惠，以便能把自己设置的陷阱做得更诱人，诱使很多人以为抢占了先机，义无反顾地钻进陷阱中。当然这些恩惠都只是糖衣炮弹，一旦股民入套，就会蒙受巨大的损失。

（二）选择对投资有益的消息

在股市中，"内幕消息"具有极大的危害性，新股民朋友应该敬而远之，即便面对的是真实有效的消息，新股民朋友也不能盲目、漫无目的地采用。

真实有效不等同于具有参考价值，新股民朋友要想在股市中顺利获得收益，就必须要找到一些具有价值，也就是对投资有益的消息，只有这样才能铺平自己的投资之路。

（1）有效真消息的威力。很多小道消息是真实的，但不会对大盘和股市行情产生任何影响；有些却会改变股市热点板块从而在短期内影响到大盘的走向，这些消息需要新股民朋友们擦亮眼睛仔细分析。

2015年5月23日，中国军队按照相关计划，在南海举行一场异常激烈的实战军演，参战部队昼夜不停开炮，一时间吸引大量目光聚焦南海。这次军演在展现中国军队强大军事实力的同时，也在股市中产生很大的影响，5月25日航空军工板块以一根很长的阳线收场，较前一日提升723.55点（图2-11）。

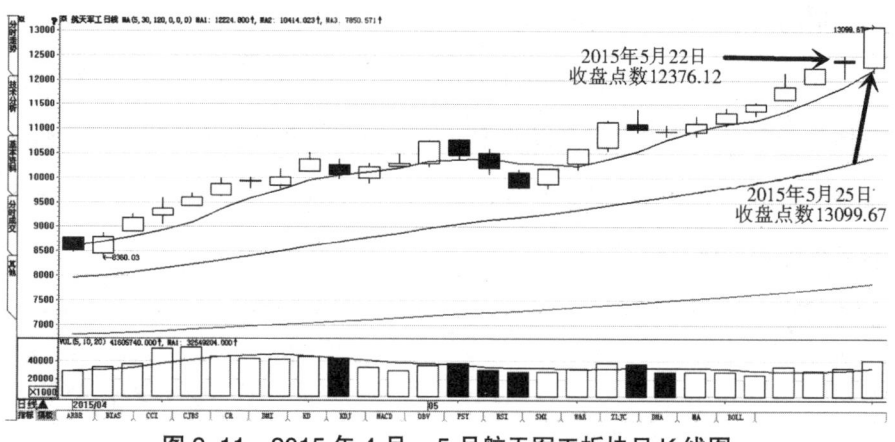

图2-11 2015年4月～5月航天军工板块日K线图

（2）不要抱有赌博心态。凡是抱有赌博心态的投资者，都无法在股市中生存长久。投资不是赌博，面对真消息首先要判断其对股市的影响，利好还是利空。利好，大盘走势积极；利空，大盘走势消极。不论利好还是利空，提前介入和离场就是赌博，赢的概率不会超过50%，甚至盈利的概率由于市场的不确定性，连50%都达不到。

（3）不要去炒已经明朗的消息。当一些消息明朗的时候，往往就意味着个股或者大盘的走势已经基本定型，不会再因为这些消息产生巨大的变动，因此，这些消息也就没有炒作的意义。可以说，只有在消息朦胧时才具有炒作意义。新股民朋友对于大盘的操作应该是在"朦胧时加仓"，在"清晰时平仓"。

（三）网络虚假信息

网络中充斥着大量难辨真假的信息，新股民朋友对于以下三种类型的信息应做到敬而远之：

（1）来自炒股博客、微博、微信的信息。随着时代的发展，涌现出一波炒股博客、微博、微信，这些自媒体中所透露的对于大盘趋势或者股市行情的判断，分析得头头是道，但是其真实水平只有老天知道。

2014年4月，某炒股者宣称通过分析得出2014年下半年大盘不会上涨，总体趋于平稳，并拿出很多以前预测的实例来证明自己的预测实力。而事实是，2014年下半年，大盘整体上涨，单在12月一个月内就大幅度上扬，且呈现加速态势（图2-12）。

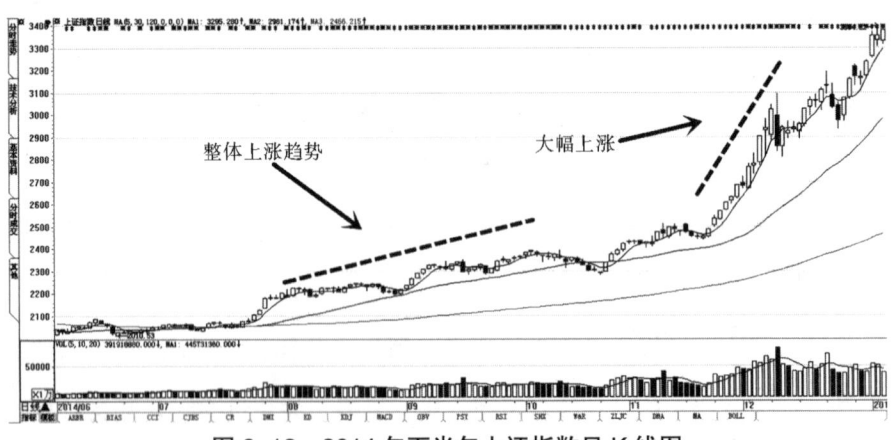

图2-12 2014年下半年上证指数日K线图

（2）来自权威人士开设的理财网站的信息。这类网站之所以被很多散户传得神乎其神，其原因在于，大盘行情看好，多只个股上涨时，其准确性自然很高。而在大盘整体行情并不是很好，或者有突发事件发生的时候，后市的发展充满了未知因素，此时这类网站预测的准确性自然会降低。

（3）来自论坛交流的信息。老话说得好"林子大了，什么鸟都有"，参与论坛讨论的人知识水平参差不齐，技术也是有高有低，对于某些股市行情或大盘走势侃侃而谈，即使是看似很准确的预判大盘走势的信息，其数据也往往是"过期"的。

第三章 ◎ 一眼看穿基本面

华尔街上最出名的炒股明星们无不精通个股基本面的分析。要想在股市中做"常胜将军",就必须重视个股的投资价值。所以透彻分析上市公司的基本面,是炒股的重要环节之一。上市公司基本面越好,投资者在股市中获利的可能性和盈利性就越大。反之,则可能赔本。

一、看盘离不开基本面研判

基本面是股价上涨的原动力，股价下跌基本上是由于股价严重地脱离了基本面的支撑，价格向价值回归的结果。

一家有价值的上市公司，往往在没有任何炒作题材的情况下，依旧能凭其优秀的基本面使股价稳步上涨。因此，看盘，就是看个股的基本面，看上市公司的未来发展潜力。

（一）没有基本面支持的股票犹如空中阁楼

"昙花一现"固然很美，但是不能长久。在没有基本面的支持下，股票出现上涨行情，就是空中阁楼。

该股越是创出新高，摔下来的风险就越大，盲目跟进的投资者，对其记忆应该很深刻。因此，新股民朋友时刻牢记一点，股价运动的原动力是基本面。

2014年10月21日晚，泸州老窖（股票代码：000568）公布第三季度财务报告。第三季泸州老窖的营业收入和净利润分别是11.37亿元和2.86亿元，同比下滑60.81%和67.64%。对于还没有脱离"存款蒸发"影响的泸州老窖公司来说，无疑是雪上加霜，在大盘中表现为连续下跌（图3-1）。

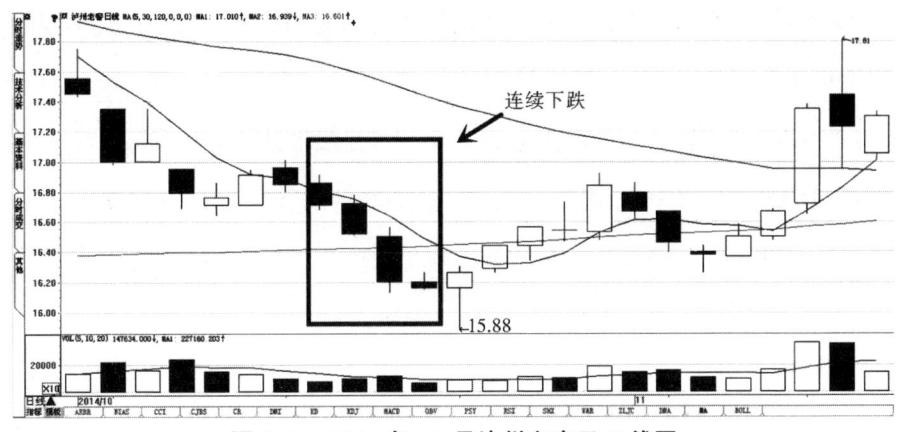

图 3-1 2014 年 10 月泸州老窖日 K 线图

（二）基本面是影响股价运行时间和空间的根本因素

上市公司的基本面波动往往会带来股价的波动，若股价运行的轨迹脱离上市公司的价值范围，则说明上市公司的股价被错误估计。当股价低于其价值时，投资的风险就越来越小，机会也越来越多；而当股价高于其价值时，投资的风险也就随之变大。

（三）基本面是股价的中长期趋势风向标

在股市中走出强势的股票有一个共同的特点，就是有基本面的支撑。资金是推动市场运行的动力，价值是推动资金运动的核心，股票的中长期趋势一定是由市场的内在价值决定的，而上市公司的价值又由基本面来决定。因此可以得出这样一个结论：上市公司的基本面决定了股价的中长期趋势。

在 2014 年中国工商银行（股票代码：601398）以一往无前的态势冲入世界 500 强的前三甲。据其公布的数据，2014 年净利润为 2763 亿元，同比增幅 5.1%，基本每股收益较 2013 年增加 0.03 元，每股净资产同比上涨 19.3%，增长至 4.33 元。作为在世界舞台上为国增光的央企，其雄厚的实力毋庸置疑。

中国工商银行良好的基本面是支撑其未来发展的最有效保障，不论短期这只股票的股价如何波动，但终究会上涨的态势在 2014 年的大盘中一览无遗（图 3-2）。

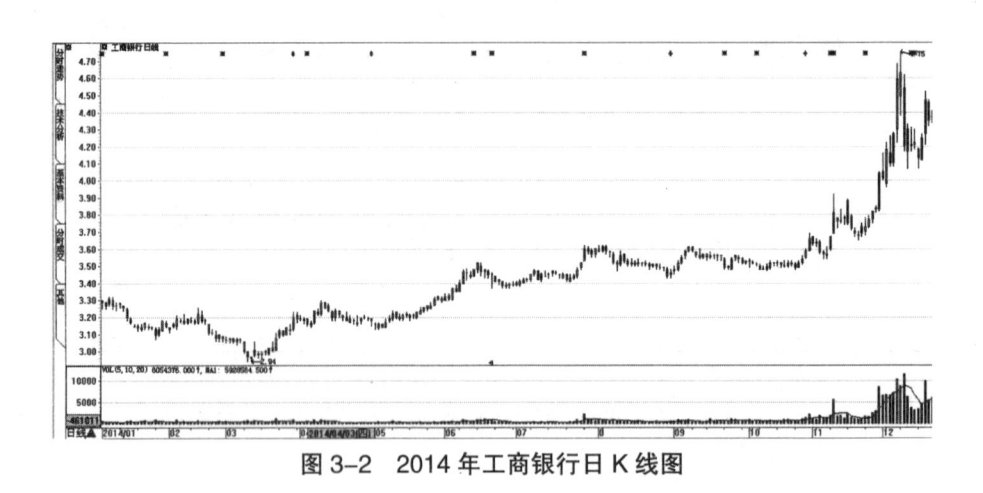

图 3-2　2014 年工商银行日 K 线图

（四）基本面转折，股价也会转折

技术指标发生转折，往往就说明股价发生了变化，但是任何技术指标都有一定的滞后性，因为它是反映当前大盘走势发生后的结果。股价发生转折的主要原因是基本面的转折，基本面的转折先于股价的转折。换句话说，基本面的转折是股价转折的带动者。而很多投资者把精力都投入研究技术指标的领域中，并未注意上市公司的基本面。真正的专业机构往往会更加关注公司基本面转折带来的投资机会。

二、看透行业趋势

在股市中有很多股票供股民朋友选择，而炒股的成败，不仅关系投资者资金的损益，更关系投资者的信心。对于新股民朋友来说，选行业是一种简单有效的选择股票的方法。

（一）行业趋势分析要点

选对一个好的行业，对投资者来说是一件非常有意义的事，因为好的行业总是能够不断地创造价值。公司所属的行业性质对股价有非常重要的影响，公司的成长往往也会受其所属行业的约束。因此，投资者在进行投资之前，要对公司所属行业的性质进行清晰透彻地分析。对于行业的分析可从需求形态、生产形态和商品形态三方面入手。

（1）需求形态。需求形态就是公司产品的销售对象以及销售范围。例如，公司是以内销为主，则容易受到国内政治、经济等因素的影响；以外销为主，则容易受到国际经济、贸易气候等因素的影响。

（2）生产形态。公司的三种生产形态可分为以劳动投入为主的劳动密集型、以资本投入为主的资本密集型和以知识技术为主的知识技术密集型。若企业的生产形态跟不上时代的发展，很有可能会走下坡路。

（3）商品形态。商品形态分为生产资源和消费资源，供求关系和宏观调控都影响着商品形态。

（二）具有良好发展前景的行业

对于新入市的投资者来说，即使知道行业的分析要点，要通过分析行业要点来找出一个具有良好发展前景的行业，也是一件操作难度很大的事情。这里根据国内主流券商的经验为投资者列举几种具有良好发展前景的行业板块行情,仅供参考。

（1）新能源行业。随着时代的发展和社会的进步,人们对生活质量的要求越来越高,环境问题也引起了越来越多人的关注,传统能源行业与环境之间的矛盾也越来越严重。为加快新能源产业发展,保障能源安全,国家提出各项政策,为新能源产业开出绿灯,从而促进能源技术不断突破瓶颈,间接地为股市中新能源板块的巨大上涨空间提供了动力（图3-3）。

图3-3　2014年全年新能源板块指数日K线图

（2）生物医药行业。2014年10月29日,中国药品审评中心在网上发布了《生物类似药研发与评价技术指导原则》,意在规范中国生物类似药的科学开发与后续评价,推进中国生物制药的向前发展,从而为生物医疗产品的获得、可支付性提供保障。

这次政策的出台一方面加快了中国生物制药向前发展的速度,另一方面在股市中给了生物医药板块巨大的上涨潜能（图3-4）。

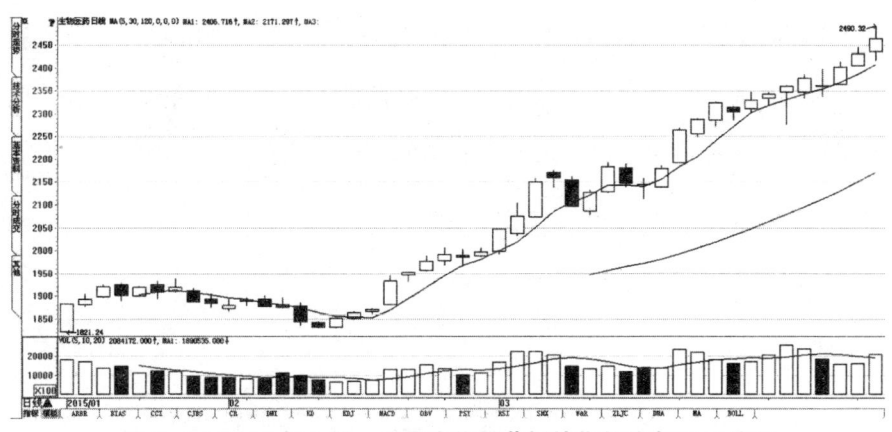

图 3-4 2015 年 1 月~3 月生物医药板块指粗线条日 K 线图

（3）农业。农业是立国之本，是强国之基。纵观近些年中央发布的每个五年计划里，都明确农业、农村的投入处于优先保障的地位，并且中央每年都会颁布 1 号文件来推动农业的发展。2014 年，国家惠农扶持资金超过 1.4 万亿元，即便按照每年国家惠农扶持资金递增 15% 来算，2015 年国家的惠农扶持资金也超过了 1.6 万亿元。在如此强度政策的支持下，农业板块的走势积极向上也是必然的（图 3-5）。

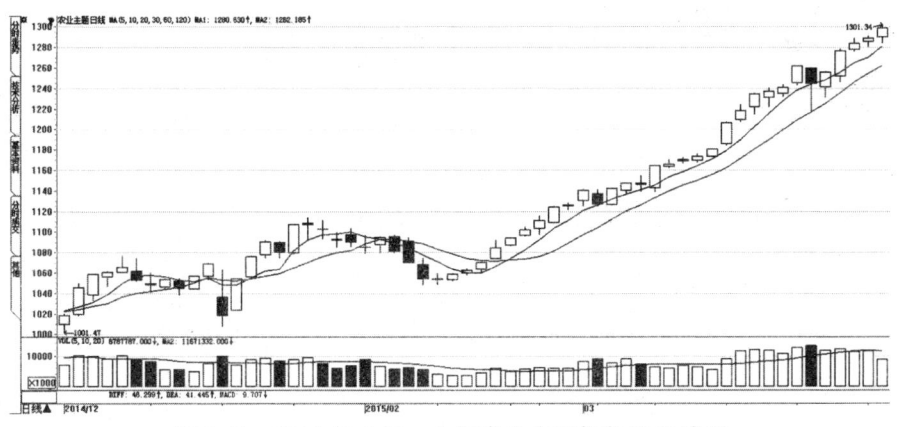

图 3-5 2015 年 1 月~3 月农业主题指数日 K 线图

（4）高新科技行业。2014 年 3 月 5 日，在第十二届全国人民代表大会第二次会议上提出的《关于 2013 年国民经济和社会发展计划执行情况与2014年国民经济和社会发展计划草案的报告》明确提出要大力发展战略性新兴产业。这种战略目标的提出间接促进了高新科技行业的发展，也为高新科技行业的未来设立了一个明确的目标。在股市中，该板块的走势明显不断高升（图3-6）。

图3-6　2014年6月~2015年1月深证科技指数日K线图

三、看透个股成长性

财富效应是股市的最大吸引力之所在，而财富效应的关键是上市公司的持续盈利能力，也就是其未来成长性的好坏。上市公司的成长性决定了其未来的盈利能力，成长性好，其未来的盈利能力就强；成长性差，其未来的盈利能力就弱。因此，对上市公司成长性的解析就成了新股民朋友研究其股票有无投资价值的关键。

对于企业成长性的解析，股民朋友主要可以从成长比率、生命周期和资产结构三个方面来看。

（一）成长比率

企业成长性研判的一个重要分析指标就是成长比率，一个企业的成长状态可以通过成长比率这一数据直观地表现出来，它一般反映了企业的扩展经营能力，与偿债能力比率有密切关系，对于衡量公司的扩展经营能力有一定的价值。由于财务安全才是其收益性、成长性的基础，所以企业只有制订一系列合理的偿债能力比率指标，财务结构才能走向健全，才有可能拓展公司的生产经营。

在成长比率中有两个最为重要的部分，分别是利润留存率和再投资率。为了方便股民朋友理解，特制成表3-1供参考：

表3-1　利润留存率和再投资率意义及其计算公式

名称	意义详解	计算公式
利润留存率	公司税后盈利减去应发现金股利的差额和税后盈利的比率。它表明公司的税后利润用于发放股利、保留盈余和扩展经营的比例。利润留存率越高，说明企业越重视未来的发展，不会因分红过多而影响企业的正常发展速度；利润留存率太低，很可能就是因为公司经营不顺利或者分红过多而导致，对于一个企业来说，这样的现象很容易影响其正常发展	利润留存率=（税后利润－应发股利）÷税后利润×100%
再投资率	又被称为内部成长性比率，它说明的是公司用其盈余所得再投资，以便支持本企业的快速成长。再投资率越高，企业扩大经营能力就越强；反之，则越弱	再投资率=资产报酬率×股东盈利率=税后利润÷股东权益×（股东盈利率－股东支付率）÷股东盈利×100%

（二）生命周期

关注企业的生命周期对于新股民朋友来说，是观察企业成长性这一环节中的关键点之一。忽视企业的生命周期，那么亏损也是必然之事。

我们以人的生命周期来类比企业的生命周期，可将其分为：青少年期、中壮年期和老年期。新股民朋友在企业的青少年期介入较好，可能当时它的各个方面表现都很一般，但是它拥有的发展潜力不可估量。企业的成长周期越久，积累越大，未来的增值空间也就越大。分析企业的生命周期，就必须要考察它的主业，了解它的主业所处的行业能否长期满足社会需求或者具有独特的性质，主要产品的生命周期是否持久，市场前景是否广阔等。

随着时代的发展和科学的进步，由于传统资源的不可再生性及其对环境的污染，导致新能源获得了发展的机会。在环境保护和能源短缺的双重压力下，变化、发展、进步是新能源代替传统能源的必然的过程。所以新能源的成长空间自然会在一系列的政策带动和广大人民的利益需求下蓬勃发展，其股价也会逐渐上升（图3-7）。

图3-7　2014年全年新能源指数日K线图

（三）资产结构

判断企业成长性的另一个重要指标是资产结构。企业在生产经营的过程中，资产结构不但决定企业的盈利能力，还决定了企业未来的发展潜力。

分析企业资产结构的合理性需要依据三个指标，分别为：流动资产率、产权比率、负债经营率（表3-2）。

表3-2　财务指标

名称	计算公式
流动资产率	（流动资产÷总资产）×100%
产权比率	（总负债÷所有者权益）×100%
负债经营率	（长期负债÷所有者权益）×100%

在不同行业中，企业的三个指标的平均值都是用来判断这三个指标的合理性。根据企业实际情况与其所确定的三个指标的合理数值的偏离程度，来判断企业的经营类型，进而推测出企业的成长潜力，确认自己的投资策略。

通过对合理值的具体分析，大致可以将企业归纳为以下几个类别：

（1）业务萎缩型。这种企业的典型特征是低于合理流动资产比率，说明这种企业生产能力利用不足、应变能力差。但是投资者要注意，如果是因为企业的固定资产、长期投资增长过快导致这种状况发生，并不意味着企业经营业务的萎缩。

（2）不独立型企业。这种企业的典型特点是低于合理负债经营率。特别提醒，企业的利润率持续增加，那就说明企业的负债经营比较安全，可以考虑长期持有。

（3）潜力待发挥型负债结构企业。这种企业的典型特点是产权比率低于合理水平。如果长期投资增加，那么企业使用自有资金比长期负债更有利，因此，对于企业来说保持较高数量的自有资金是有必要的。

（4）业务超前发展型企业。这种企业的典型特点是高于合理流动资产比率。这类企业的支付、应变能力比较强，但如果存货或者应收账款是这类企业流动资产增加的主要原因，那么企业就可能会出现支付困难或者偿债困难的情况。

（5）投资不安全型负债结构企业。这种企业的典型特点是产权比率高于合理值。如果流动资产周转率升高，企业的销售收入增加，那么就可以保持较高的产权比率。

（6）独立经营型企业。这种企业的典型特点是负债经营率高于合理值。企业的结构性资产比重过高，导致生产经营性资金不足，长期负债偿还有可能出现问题。

企业的灵魂是其成长性。一个没有灵魂的企业，其未来的发展空间也必然会受到限制。因此，投资者进行投资之前，准确判断相关企业的成长性如何尤为关键，以企业成长性为依据进行投资决策，才能赢在起步阶段。

四、看透安全边际

投资大师本杰明·格雷厄姆视安全边际为价值投资的核心理念。何为安全边际？就是指价值和价格相比被低估的程度或幅度。只有当价值被低估的时候才存在安全边际或者安全边际才会为正值，当价值与价格相当的时候，安全边际则为零；而当价值被高估的时候则是不存在安全边际或者说安全边际为负值。

安全边际在价值投资中意义非凡。在股市这种不确定性极强的市场中，虽然安全边际不能保证投资者完全规避损失，但却能保证其获利的机会比损失的机会多。

（一）安全边际的重要性

一般来说，安全边际的合理经验值为 10% 左右，这意味着价格偏离价值程度超过 10% 的股票才有安全边际。安全边际的经验值可以使投资者的投资概念更明确，当价格偏离价值 10% 以上时，投资者可以适当买进，因为安全边际程度相对较高；当价格与价值相当时，建议观望，因为不存在安全边际；当价格偏离价值 10% 以下时，此时投资者最好不要买进，因为安全程度相对较低。

例如，一只股票的价值为 10 元，根据安全边际经验值 10% 来计算，只有当这只股票的市场价格等于 9 元或者低于 9 元的时候（图 3-8 中买进区），投资者才可以买进；当市场价格大于 10 元时（图 3-8 中观望区），投资者应该选择场外观望，不要选择贸然进场。

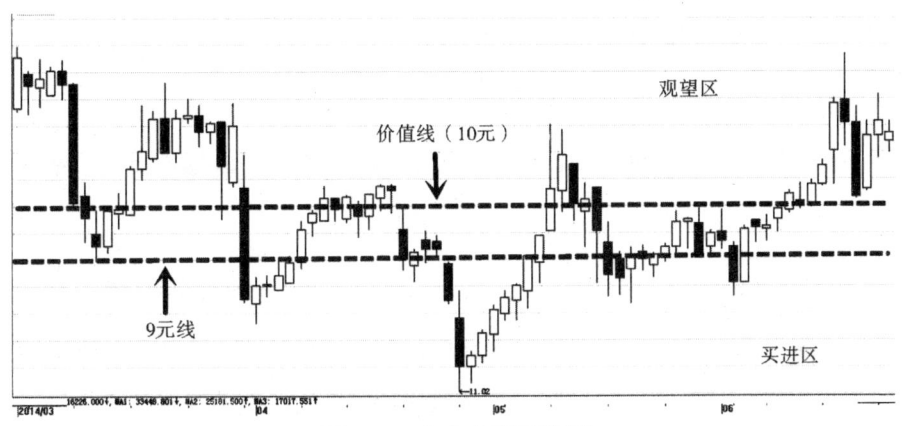

图 3-8　安全边际示意图

（二）安全边际出现的规律

了解安全边际的重要性后，就产生了一个问题：在什么样的条件下才会出现安全边际呢？

当价格低于其内在价值时，安全边际才会出现。通俗地讲，安全边际出现的前提就是股价的下跌，只有股价下跌或经过大幅下跌后才会出现我们所说的安全边际。根据安全边际出现的条件，我们就可以推测出一些安全边际出现的规律。

（1）安全边际出现的首要条件是利空消息。股价下跌往往是利空消息导致的，而股价的下跌恰恰是安全边际出现的前提。所以，安全边际的出现经常伴随着一些利空消息。

（2）安全边际出现的基础是优质企业。安全边际的出现更多是对于一些优质企业来说的，并不是所有股价下跌或经过一段深幅度的下跌就会形成。优质企业的核心价值和内在价值都比较稳定，即使有突发的利空消息，也只能影响一时。随着时间的推移，利空消息会被逐渐淡化。因此，下跌的时间也非常有限。

（三）掌握安全边际的关键点

仅仅知道安全边际的出现条件和出现规律，并不足以真正地驾驭它。想要在实际的股市投资中掌握安全边际，必须要掌握对其操作时的三个重要的关键点。

（1）学会准确判断股票价值。企业的基本面上有很多的信息如发展前景、政策是否扶持、利润增长等要素，都是评价企业的客观内在价值的因素，而安全边际的出现与否，又必须从被操纵的股票的客观价值入手。所以，安全边际是否出现就必须从企业还没遭遇利空消息打击的时候开始研究。如果利空消息出现后再判断企业内在价值，往往就容易作出错误的判断，其准确性也就无法保证。

（2）学会排除心理干扰。投资者在遇到负面消息的时候不要盲目从众，要有一颗强有力的心脏才是投资的关键。美国投资大师彼得·林奇认为，下跌是非常好的机会，可以使十分优秀的股票变得很便宜。所以下跌是捡便宜的好机会，而这些便宜货的来源是那些从风暴圈中逃离的投资者。

（3）学会判断利空消息。虽然利空消息也是安全边际出现的一种前提条件，但是投资者需要判断利空消息的真实性和对企业的影响。有实质性支撑的利空消息是股价下跌的根本原因，在股价大幅下跌后，形成稳定安全边际的可能性很大。一些假利空消息则不然，其对形成稳定的安全边际，没有太多实际意义。

（四）安全边际的主要作用

安全边际是非常重要的一种工具，它就像股市投资者财产周围的一条"护城河"，为投资者的股市投资保驾护航。

安全边际的主要作用有：

（1）弥补新股民朋友评估价值时，评估错误所带来的风险。

（2）弥补新股民朋友在选择性错误时，股价下跌加剧所带来的风险。

五、看透财务报表

财务报表是对公司财务状况、经营成果和现金流量的结构性表述，是公司财务分析的基本依据。完整的财务报表由资产负债表、利润表、现金流量表、所有者权益（或股东权益）变动表以及附注构成，这些组成部分具有同等的重要程度。

资产负债表反映了公司在某特定日期的财务状况；利润表反映了公司在一定会计期间的经营成果；现金流量反映了公司在一定会计期间现金和现金等价物流入、流出情况；所有者权益变动表反映了组成所有者权益的各组成部分当期的增减变动情况；附注则是对上述报表的详细补充说明。

财务报表可以分为中期财务报表和年度财务报表。年度财务报表简称年报,是企业的年度决算报表;中期财务报表又包括月报、季报和半年报等。通过分析财务报表可以帮助股民朋友们更好地判断公司财务状况,下面介绍构成财务报表的其中三种。

(一)资产负债表

资产负债表集中概括了公司在某一特定日期所拥有和控制的经济财产、所承担的经济义务和所有者对净资产的要求权。它是依据"资产=负债+所有者权益"这一会计恒等式编制而成,报表中按照资产、负债和所有者权益分类分项反映。我国的资产负债表采用账户式的格式,左侧列示资产,右侧列示负债和所有者权益。资产中所有项目合计要等于负债和所有者权益所有项目的合计,即资产负债表中的左右两侧平衡(表3-3)。

表3-3 资产负债表

资产	期末余额	年初余额	负债和所有者权益 (或股东权益)	期末余额	年初余额
流动资产:			流动负债:		
货币资金			短期借款		
交易性金融资产			交易性金融负债		
应收票据			应付票据		
应收账款			应付账款		
预付款项			预收款项		
应收利息			应付职工薪酬		
应收股利			应交税费		
其他应收款			应付利息		
存货			应付股利		
一年内到期的非流动资产			其他应付款		

续表

资产	期末余额	年初余额	负债和所有者权益（或股东权益）	期末余额	年初余额
其他流动资产			一年内到期的非流动负债		
流动资产合计			其他流动负债		
非流动资产：			流动负债合计		
可供出售金融资产			非流动负债：		
持有至到期投资			长期借款		
长期应收款			应付债券		
长期股权投资			长期应付款		
投资性房地产			专项应付款		
固定资产			预计负债		
在建工程			递延所得税负债		
工程物资			其他非流动负债		
固定资产清理			非流动负债合计		
生产性生物资产			负债合计		
油气资产			所有者权益（或股东权益）		
无形资产			实收资本（或股本）		
开发支出			资本公积		
商誉			减：库存股		
长期待摊费用			盈余公积		
递延所得税资产			未分配利润		
其他非流动资产			所有者权益（或股东权益）合计		
非流动资产合计					
资产总计			负债和所有者权益（或股东权益）总计		

关于资产负债表，股民朋友需要重点了解以下概念：

（1）流动资产。1年或超过1年的营业周期内可变现或运用的资产。

（2）应收票据。指企业因销售商品而收到尚未到期也未向银行贴现的应收票据，包括银行承兑汇票和商业承兑汇票。

（3）存货。指企业在生产经营过程中为销售或耗用的材料而存的各种资产。

（4）固定资产。使用期限超过1年，单位价值在规定标准以上，并且在使用过程中保持原有物质形态的资产，包括房屋及建筑物、机械设备、运输设备、工具等。

（5）长期待摊费用。指企业已经支出，但摊销期限在1年以上（不含1年）的各项费用，包括开办费、租入固定资产的改良支出以及摊销期在1年以上的固定资产大修理支出、股票发行费用等。

（6）交易性金融资产。指企业为了近期内出售而持有的金融资产，如以赚取差价为目的从二级市场购买的股票就属于金融性交易资产。

（7）无形资产。无形资产指长期使用但是没有实物形态的资产。无形资产应按账面价值与可收回金额孰低计量，对可收回金额低于账面价值的差额，应该计提无形资产减值准备。

新股民朋友可以通过公司的资产负债表来了解公司报告日的财务状况，但并不一定可以了解到更为真实的公司财务常态，也有一些财务报表是经过公司精心加工的。若是公司经营不佳未在年末采用冲减应收款项、存货或短期负债，对重大财务指标加以粉饰，新股民朋友也看不出来。

要正确地利用资产负债表，可以将公司的本年度资产负债表与之前年度资产负债表（或者季报）放在一起对比分析，在对比分析的过程中，留意各个项目金额的重大变更和异常的结构性变化。

资产负债表体现的是一个公司变现能力、偿还债务能力及资金周转能力，为新股民朋友在分析股票进行投资时提供了信息帮助，有利于新股民朋友了解上市公司的基本情况，对投资规划起到正确的引导。

（二）利润表

利润表是动态报表，能反映出公司经营成果信息。新股民朋友通过对利润表的分析能够了解到上市公司在一定会计期间的收入实现情况（主营业务收入、其他业务收入、投资收益、营业外收入等）、费用耗费情况（主营业务成本、主营业务税金、营业费用、管理费用、财务费用、营业外支出等）、生产经营活动成果即净利润的实现情况，可以据此判断资本保值增值的情况（表3-4）。

表3-4　利润表

项目	本期金额	上期金额
一、营业收入		
减：营业成本		
营业税金及附加		
销售费用		
管理费用		
财务费用		
资产减值损失		
加：公允价值变动收益（损失以"-"号填列）		
投资收益（损失以"-"号填列）		
其中：对联营企业和合营企业的投资收益		
二、营业利润（亏损以"-"号填列）		
加：营业外收入		
减：营业外支出		
其中：非流动资产处置损失		
三、利润总额（亏损总额以"-"填列）		
减：所得税费用		
四、净利润（净亏损以"-"号填列）		
五、每股收益		
（一）基本每股收益		

续表

项目	本期金额	上期金额
（二）稀释每股收益		
六、其他综合收益		
七、综合收益总额		

新股民朋友如果将公司的利润表与资产负债表相结合，能得到财务分析的基本资料。例如，将净利润与资产总额相比较，计算出资产收益率等，所体现出的公司资金周转情况以及公司盈利能力和水平，能够帮助股民朋友们判断企业未来的发展趋势，作出投资决策。

将利润分配表与利润表放到一起，可以直观地看出公司有了净利润后股东都分到多少。利润分配表与利润表是不完全一样的，利润分配表是对当期形成的净利润进行分配的情况表，包括净利润、期初未分配利润、提取的各类公积金及股利分配等。它的编制分为三方面：可供分配的利润（净利润＋年初未分配利润＋盈余公积金转入）、可供股东分配的利润（可供分配的利润－应付优先股股利－提取任意盈余公积金－转作股本的普通股股利）及未分配利润。

（三）现金流量表

由各种活动引起的现金流量变化及占公司现金流量总额比重都能从现金流量表中反映出来，因此，现金流量表也是一张动态报表。将现金流量表与其他财务报表结合到一起，可以对这个公司的分析更加全面（表3-5）。

表3-5　现金流量表

项目	行次	金额
一、经营活动产生的现金流量：		
销售商品、提供劳务收到的现金		

续表

项目	行次	金额
收取的租金		
收到税费返还		
收到的其他与经营活动有关的现金		
现金流入小计		
购买商品、接受劳务支付的现金		
经营租赁所支付的现金		
为职工支付的现金		
实际交纳的增值税款		
支付的所得税款		
支付的除增值税、所得税以外的其他税费		
支付的其他与经营活动有关的现金		
现金流出小计		
经营活动产生的现金流量净额		
二、投资活动产生的现金流量：		
收回投资所收到的现金		
分得股利或利润所收到的现金		
取得债券利息收入所收到的现金		
处置固定资产、无形资产和其他长期资产而收回的现金净额		
收到的其他与投资活动有关的现金		
现金流入小计		
购建固定资产、无形资产和其他长期资产所支付的现金		
权益性投资所支付的现金		
债权性投资所支付的现金		
支付的其他与经营活动有关的现金		
现金流出小计		
投资活动产生的现金流量净额		
三、筹资活动产生的现金流量：		
吸收权益所收到的现金		
发行债券所收到的现金		

续表

项目	行次	金额
借款所收到的现金		
收到的其他与筹资活动有关的现金		
现金流入小计		
偿还债务所支付的现金		
发生筹资费用所支付的现金		
分配股利或利润所支付的现金		
偿付利息所支付的现金		
融资租赁所支付的现金		
减少注册资本所支付的现金		
支付的其他与筹资活动有关的现金		
现金流出小计		
筹资活动产生的现金流量净额		
四、汇率变动对现金的影响：		
五、现金及现金等价物净增加额：		
附注：		
1.不涉及现金收支的投资和筹资活动：		
以固定资产偿还债务		
以投资偿还债务		
以固定资产进行长期投资		
以存货偿还债务		
融资租赁固定资产		
2.将净利润调节为经营活动的现金流量：		
净利润		
加：计提的坏账准备或转销的坏账		
固定资产折旧		
无形资产摊销		
处置固定资产、无形资产和其他长期资产的损失（减：损益）		
固定资产报废损失		
财务费用		

续表

项目	行次	金额
投资损失（减：收益）		
递延税款贷项（减借项）		
存货的减少（减增加）		
经营性应收项目的减少（减增加）		
经营性应付项目的增加（减减少）		
其他经营活动产生的现金流量净额		
3.现金及现金等价物净增加的情况：		
货币资金的期末余额		
减：货币资金的期初余额		
现金等价物的期末余额		
减：现金等价物的期初余额		
现金及现金等价物净增加额		

新股民朋友在查看一个企业的现金流量表时，需要重点关注以下几点，以便能够快速摸清上市公司的基本面：

（1）现金到期债务比率。这一指标可以反映出企业独立的到期债务支付能力，其计算公式如下：

现金到期债务比率＝经营现金净流量 ÷ 本期到期债务

（2）现金债务总额比。它是评价企业中长期偿债能力的重要指标，并且它还能预测公司是否会因为没有偿债能力而破产，该指标数值越高，企业承担债务的能力就越强。其计算公式为：

现金债务总额比＝经营现金流量 ÷ 本期债务总额

（3）经营盈利现金比率。它能反映出企业本期经营活动产生的现金流量与净利润之间的比率。通常来说，该指标的数值越高，盈利质量就越高；反之则盈利质量越低，有时过低的数值甚至意味着企业有破产的可能。其计算公式为：

经营盈利现金比率＝经营现金净流入÷净利润

　　现金流量最能真实地反映一家公司的获利能力，因为公司可以制造假的利润但并不能制造假的现金流量。现金流量表有其他报表无法比拟的准确性。新股民朋友在分析上市公司的基本面时，可以多结合这些财务报表，找出适合投资的股票，为自己跑赢大盘做好准备。

第四章 ◉ 揭开盘口的神秘面纱

看盘,并不仅仅是看K线和其他相关数据,而是要能从盘口中看出股市中的异动、庄家的进出,从而抓住获利良机。只要新股民朋友能够看懂盘口,那么它就会告诉你股市的一切。

一、如何看大盘未来走势

很多新股民朋友由于缺乏经验和技能,往往认为大盘的趋势无法预测。而事实上,大盘的趋势并非不可以预测,只不过对于新股民朋友来说,预测大盘的趋势难度比较大。因为影响市场的因素有很多是用数据和运算无法估测的。

(一)大盘权重股的走势惯性

众多个股合力促成大盘走势,尤其是权重股,其走势的变化非常容易引起大盘走势的变化。正是因为股市中存在着这种现象,新股民朋友才可以通过局部现象来预测整体趋势,也就是通过少数个股的走势来研判出整个大盘的走势。

如果宝钢股份(股票代码:600019)、中国石化(股票代码:600028)、浦发银行(股票代码:600000)等众多大盘权重股都处于上升的趋势,那么大盘的趋势就很可能会形成明显上升趋势;反之,大盘则会形成下跌趋势。如果一半的大盘股走低,另一半走高,那么大盘平开的可能性就很大。

2015年2月至4月期间,大盘中的绝大部分权重股均呈上涨态势。例如,中国石化就在这段时间内上涨了67.03%。在这种权重股的带动下,大盘指数上涨就是顺理成章的事情了(图4-1,图4-2)。

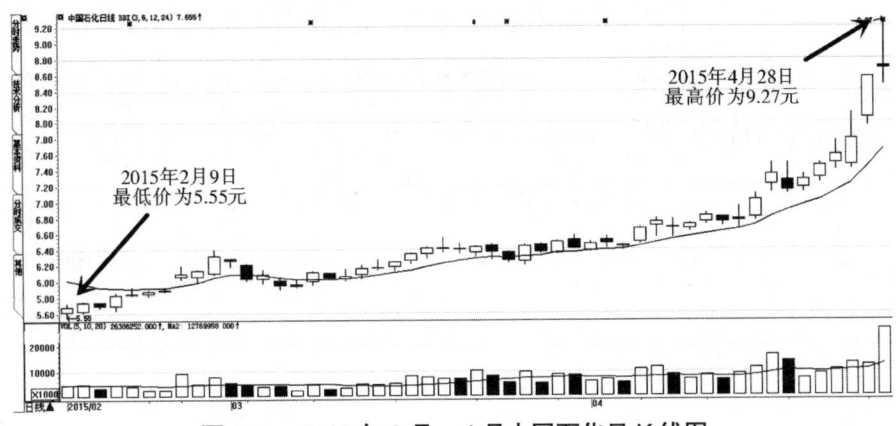

图4-1　2015年2月~4月中国石化日K线图

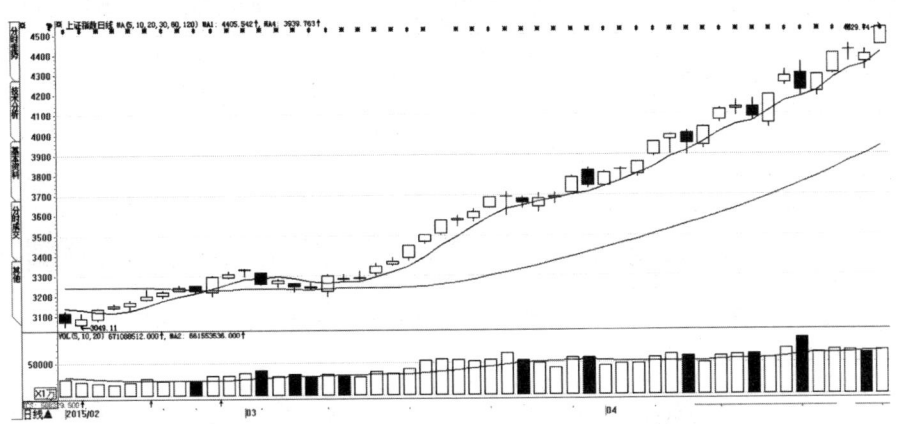

图4-2　2015年2月~4月上证指数日K线图

（二）市场人气

很多时候，要想了解市场人气只能凭借一些比较明显的现象来进行大体上的推测。例如，营业部的新开户数量、股民讨论的热度和频率、普通群众对股市的反应，往往可以利用这些现象大致了解市场人气。

每当新开户数下降到地量附近时，股市行情很可能即将见底。而当新开户的数量有了明显增加的时候，便是投资者抄底的好机会，因为这样的现象可能意味着股市行情即将反弹。

2014年7月牛市行情启动至11月底,每月股市新增股民的数量不断增加。到了12月,创下了新增开户数的新纪录89.13万户。2015年3月23日至27日这一周,沪深两市新增股票开户数为166.92万户,创出历史新高。而上一次历史高点为2007年6月初的162.47万户。正是在这样火爆的行情下,沪指一度站上3800点,并最高上摸3835.5点,创下逾7年新高(图4-3)。

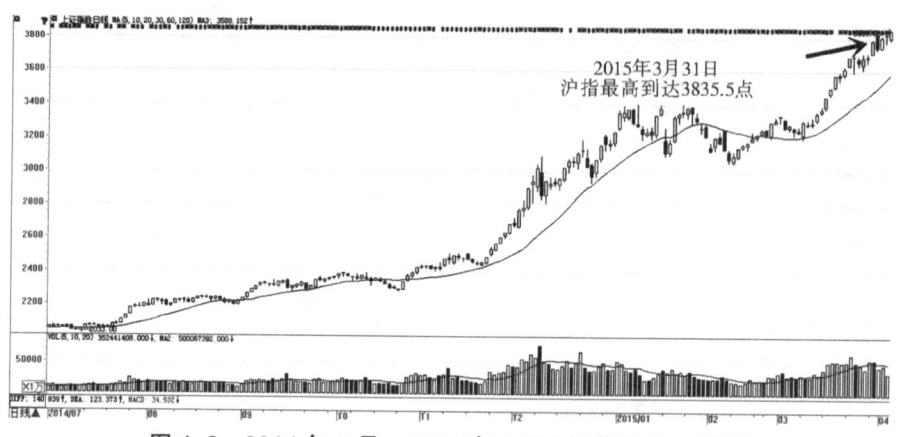

图4-3 2014年7月~2015年3月上证指数日K线图

(三)板块轮动

一般来说,大盘的涨跌内含着一种潜在的规律,其中表现最为直观的就是板块轮动。板块可分为概念板块、地域板块、行业板块等。

(1)概念板块。概念板块并不是自然存在的,而是人为设置,在短期内可能会有一点刺激作用。但是从长期来看,作用并不是很大,并且个股走势没有趋同性。

2012年4月,美国谷歌公司发布"谷歌眼镜",这款新奇产品集打电话、发短信、拍照片等功能于一身,并迅速激发了国内外企业"穿戴式设备"的研发潮。2014年下半年"穿戴式设备"研发呈井喷式爆发,这种新型概念的产生，极大地刺激了相关股票的积极发展，但是概念终归只具有短期刺激的效果，并不具备长期刺激作用。

例如，水晶光电（股票代码：002273）是国内专业从事精密薄膜光学及延伸产品研发、生产和销售的知名光电元器件制造的企业，也是国家火炬计划重点高新技术企业。受到"穿戴式设备"概念的刺激，该公司股价于2014年7月开始大幅上涨。但是好景不长，等到这一次"概念热"结束后，其股价便开始迅速回落（图4-4）。

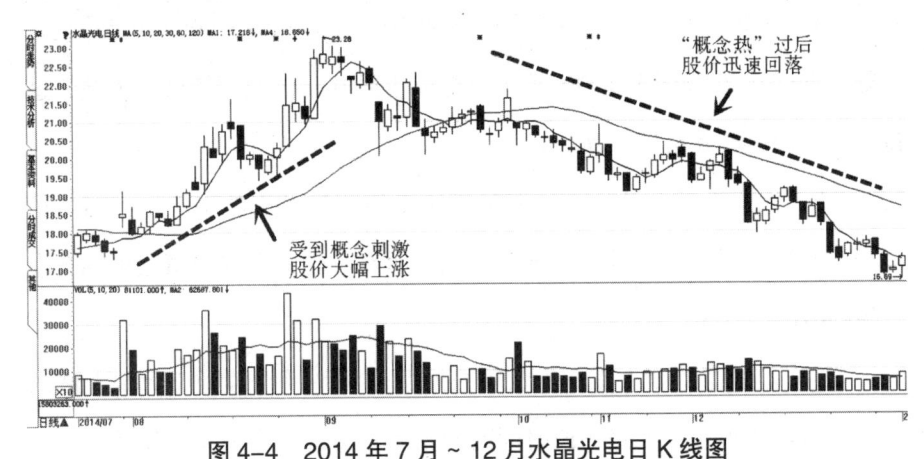

图4-4　2014年7月~12月水晶光电日K线图

（2）地域板块。这种板块只有政策明确表示支持时才有参考的价值。例如，由国家指定的上海自贸区而产生上海地域板块。

（3）行业板块。沪深两市的行业板块比较多。例如，金融、汽车、航空、钢铁、电子、石油、机械制造等行业板块。

如果新股民朋友能够仔细地观察一段时间内大盘的涨跌，就会发现大盘的涨跌是由其中一两个板块在领涨或者领跌，而其他的板块则是"出工不出力"。例如，汽车行业的龙头股带动整个板块上涨的时候，其他的行业不是处于调整状态，就是小幅下跌。而过一段时间汽车行业板块调整的时候，其他行业板块又会作出领涨动作。

当所有的板块轮动一遍之后，调整完毕的汽车板块就又开始发动新一轮的上攻，这就是大盘的上涨规律。如果大盘处于下跌的过程中，一两个板块的上涨则对指数的贡献不足以抵挡其他板块下跌所带来的负贡献，也无法逆转整个大盘的整体走势。

（四）通过板块轮动规律推测大盘走势

通过板块轮动规律可以大致推测出大盘的走势：

（1）大盘即将下跌。当所有的板块都经历了大幅上涨的行情并且基本处于滞涨或者横盘整理的态势，一些权重股甚至已经开始破位下跌，这说明大盘很可能要反转下跌。

（2）大盘即将反弹。当所有的板块都经历过了大幅下跌行情后，很多板块开始表现出强烈的上涨欲望，就说明新一轮的上涨行情很可能会在较短的时间内到来。

（3）大盘将持续上涨。大盘中只有几个板块的个股处于大幅上涨的态势，而其他板块在经过一段时间的调整后，整体的市盈率都比较低，展现出了跃跃欲试的姿态，这说明后市大盘很可能会持续上涨。

大盘的涨跌始终存在着一种潜在的规律，如果新股民朋友通过认真、仔细地观察后，发现了这种潜在的规律，那么就能凭借这一优势找到良好的投资机会，从而使自己能够更好地获利。

二、如何看开盘

每个交易日开盘后的三个10分钟被众多股民称为开盘"三板斧"，

之所以被如此称呼，是因为开盘后的三个 10 分钟在一个交易日的行情中具有非常重要的地位，可以说这"三板斧"直接雕刻出一个交易日走势的基本框架（图 4-5）。

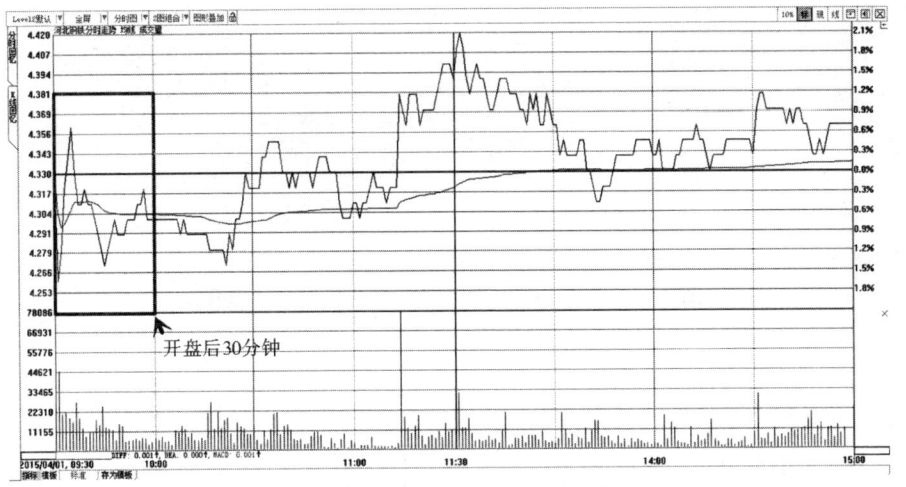

图 4-5 开盘后 30 分钟区域示意图

（一）开盘三十分钟

（1）上午 9 点 30 分至 9 点 40 分。一般来说，股市开盘后的第一个 10 分钟，也就是 9 点 30 分到 9 点 40 分这 10 分钟，不管对多方还是空方，都是十分重要的 10 分钟。在这个时间段内，入场资金不多，盘中的买卖量相对较少。因此，只要用少量的资金就能起到"四两拨千斤"的效果。

在开盘后的第一个 10 分钟里，多方为了能够顺利地吸收更多的货，会迫不及待地抢进筹码；而空方为了能够加大自己的收益，也会故意拉高股价派发。这样的现象造就了股价在开盘后就急速高走，这种情况多发生在牛市；如果整体行情较"熊"，那么多方为了吸收到更多便宜的筹码，会在这个时间段内大肆打压股价，空方和散户迫于形势压力，会不顾一切地抛出手中的筹码，从而导致了股价开盘就下跌的现象（图 4-6，图 4-7）。

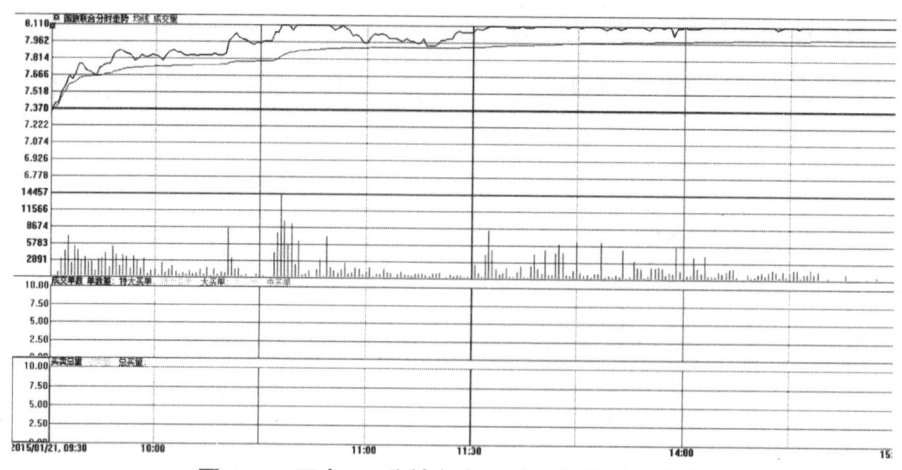

图 4-6 开盘 10 分钟多方力量占优分时走势图

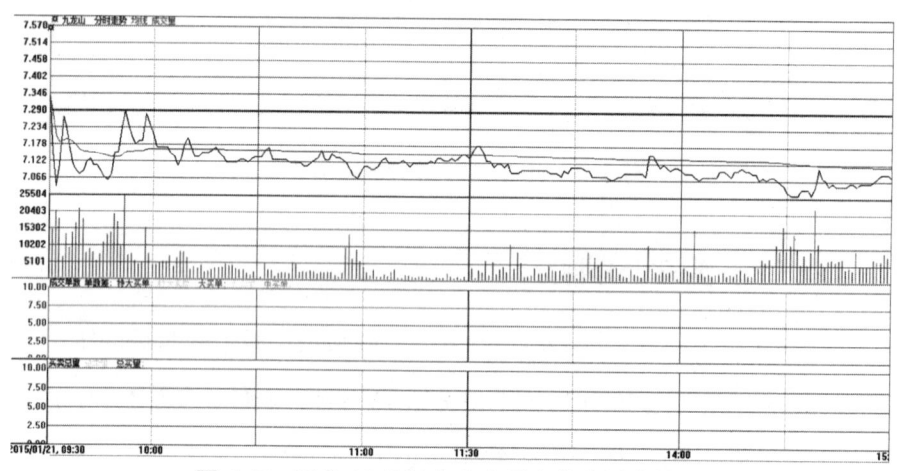

图 4-7 开盘 10 分钟空方力量占优分时走势图

（2）上午 9 点 40 分至 9 点 50 分。经过了前一个时间段的激烈角逐后，在上午 9 点 40 分至 9 点 50 分多空双方进入了调整、休养阶段。在这个时间段里，一般大盘会对原本的趋势进行一定的调整。如果这时空方的攻势过猛，那么多方就会奋起反击，抄底盘会在这时蜂拥而入；同样地，如果多方攻势过猛，空方也会进行反击，积极回吐手中的获利盘。因此，这段时间可以说是短线投资者买入或者卖出的一个时点。

（3）上午9点50分至10点。上午9点50分到10点，也就是开盘30分钟的最后一个10分钟阶段，参与交易的资金会变得越来越多，买卖盘的各项数据也变得更加可信。因此，这个阶段显示的数据的参考价值比较大，同时这一阶段基本可以视为全天大盘走势的基础。

开盘价是多空双方都比较认可的结果，也是多空双方的均衡点。为了能够正确地把握大盘走势的特点与规律，可以将开盘时间作为起始点，将开盘后的第10分钟、20分钟、30分钟指数或者价位移动点连成可以得到三条线段，其中第二条线段的走势形态，就可以当作当天股价整体走势线，而第三条线段则可以当成是当天股价在分时走势图上的日均线的走势形态（图4-8）。

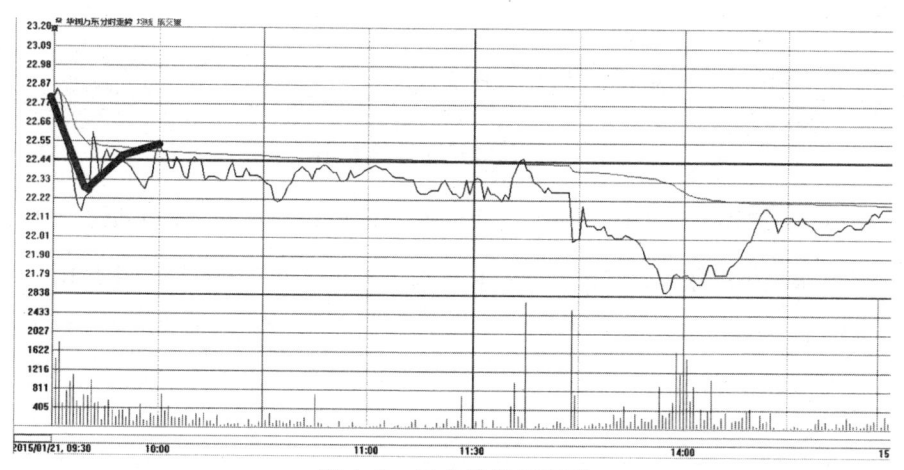

图4-8 三点连线示意图

（二）三点连线的形态

三点连线具体可以分为几种形态，不同的形态所具有的含义也不同，新股民朋友要学会区分对待：

（1）三线持续走高。当9点40分、9点50分和10点的点位持续走高，形成一条倾斜向上的线时，说明当天的行情有很大可能会积极发展，在K线走势图上体现为收出一根阳线。不过新股民朋友遇到这种情况时也不要义无反顾地介入其中，此时还应该仔细观察成交量的变化，如果成交量发生了巨大的变化，那么就有可能是庄家设置陷阱，以便吸引散户接盘；达到顺利出货（图4-9）。

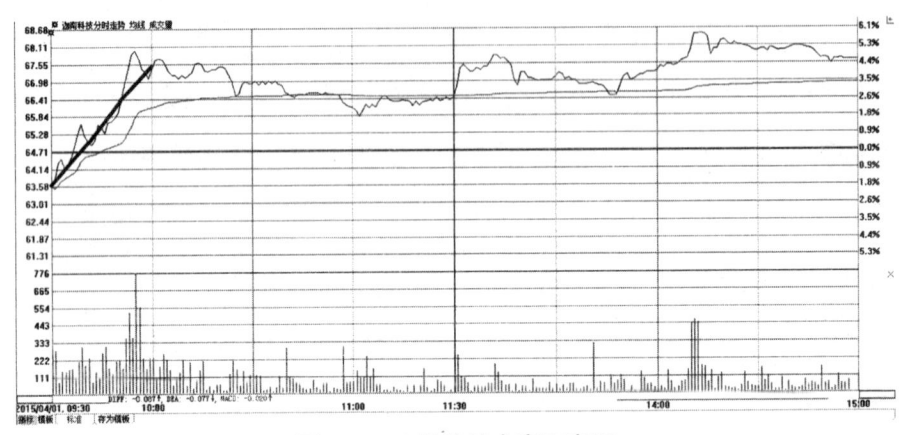

图4-9　三线持续走高示意图

（2）三线持续走低。如果三个时间点的股价均比开盘价要低，形成一条整体向下的线条，那么当日的K线很可能会收出一根阴线（图4-10）。

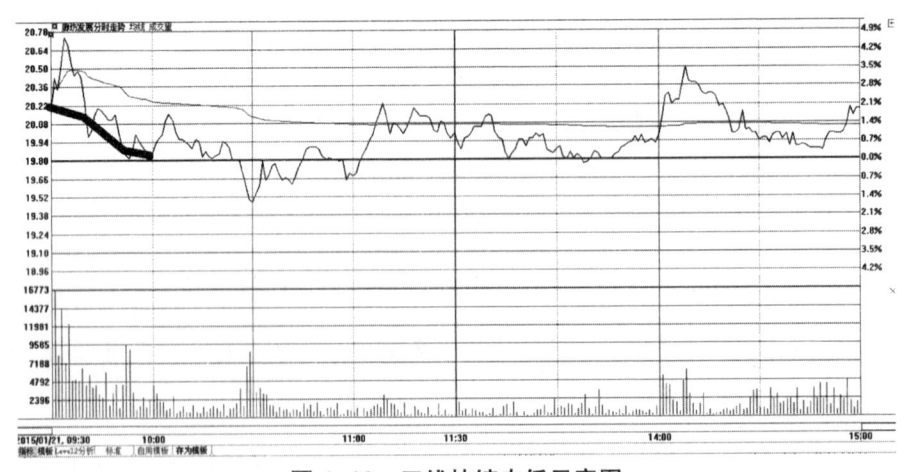

图4-10　三线持续走低示意图

（3）三线呈一下二上的状态。9点40分的时候股价下跌至开盘价以下的位置，但是9点50分和10点都停留在了开盘价之上的位置，并且后者高于前者，这种情况表明后市很有可能会出现震荡上升的行情（图4-11）。

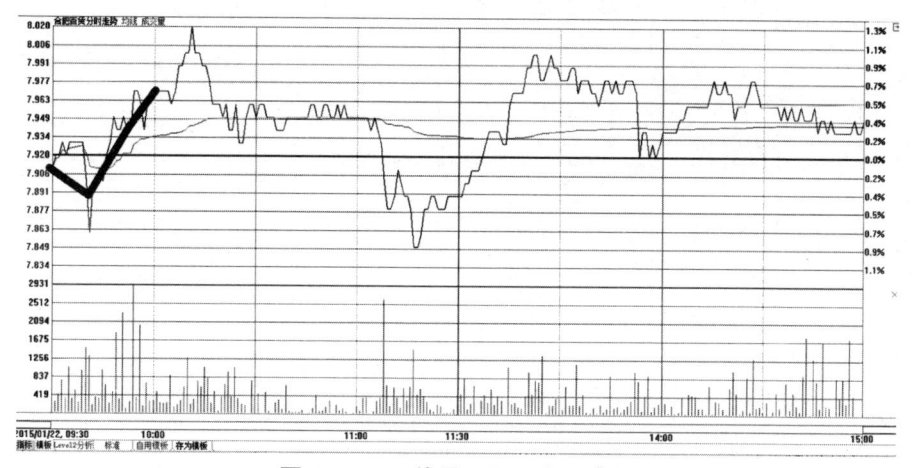

图 4-11 三线呈一下二上示意图

（4）三线呈一上二下的状态。除了9点30分到9点40分时上升状态，剩余一个时间段都是下降状态，且股价后两个时间点股价均低于开盘价。这表示当天大盘会呈震荡拉高出货的走势（图4-12）。

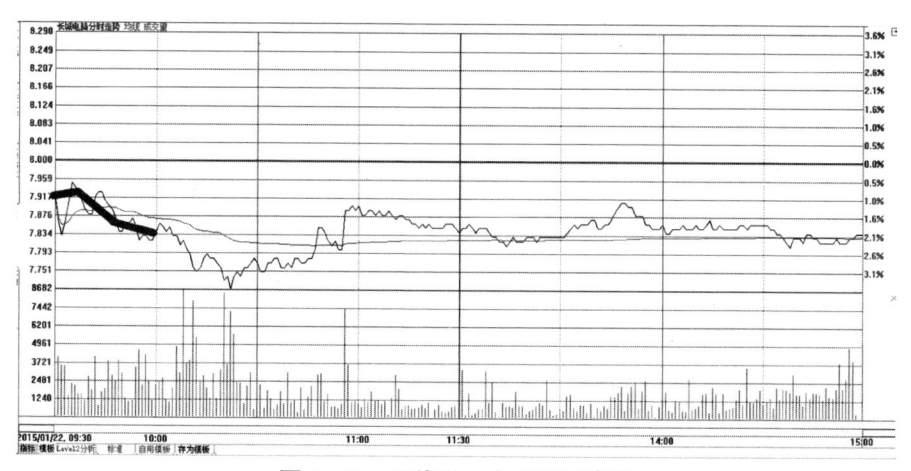

图 4-12 三线呈一上二下示意图

（5）三线呈二下一上的状态。如果前两个时间段一直呈下跌态势，但是最后10分钟股价反转直上，并且比开盘价高，那么当日很可能会收出一根探底反弹阳线（图4-13）。

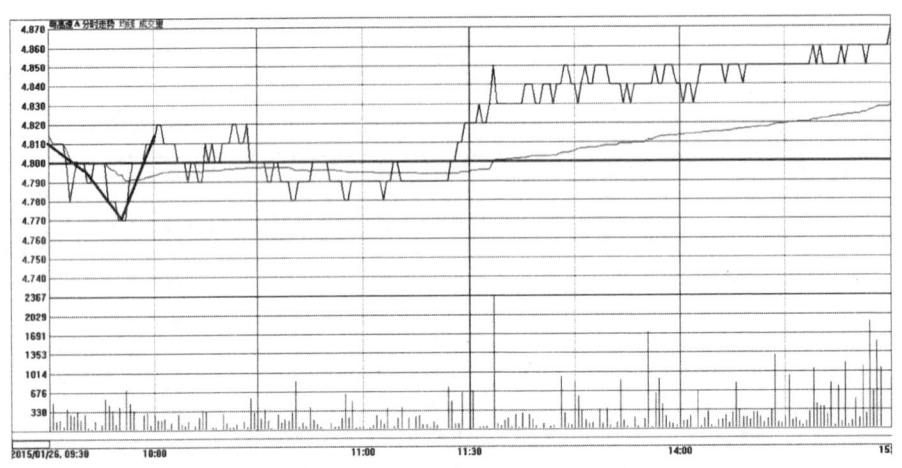

图4-13　三线呈二下一上示意图

（6）三线呈二上一下的状态。即9点30分到9点40、9点50分时，线段的走势都是向上的，且股价均大于开盘价，但在10点时，股价又下跌到开盘价之下，这表明当天行情会以震荡为主（图4-14）。

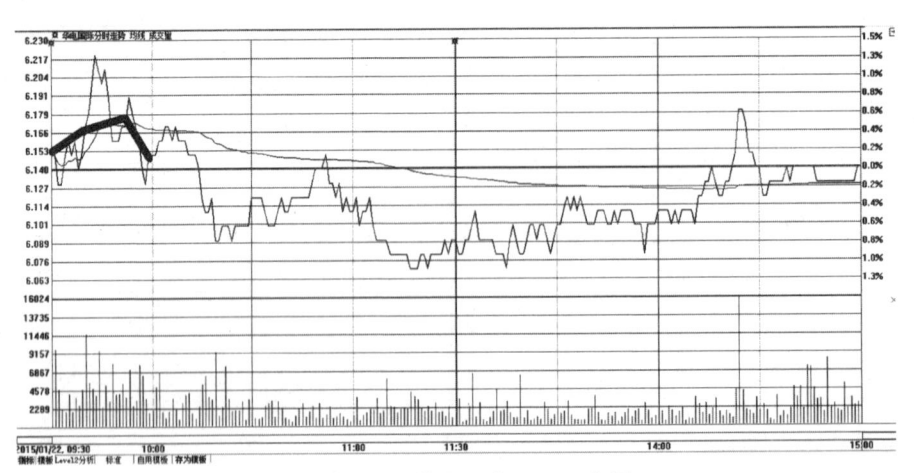

图4-14　三线呈二上一下示意图

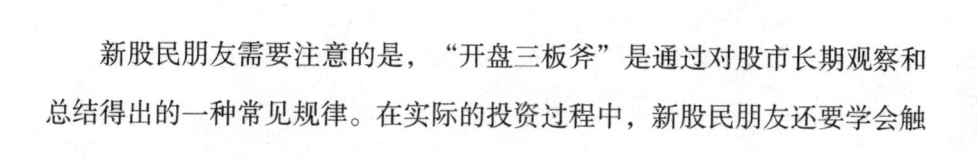

新股民朋友需要注意的是，"开盘三板斧"是通过对股市长期观察和总结得出的一种常见规律。在实际的投资过程中，新股民朋友还要学会触类旁通，从表象看到本质，避免因盲目运用来带来损失的情况。

三、如何看盘中

在一天的股价走势中，可以说盘中阶段是最精彩的一个时间段，也是多空双方力量、技术完全展示的阶段。一般来说，盘中可以具体分为三个阶段：多空搏斗、多空决胜和多空强化（图4-15）。

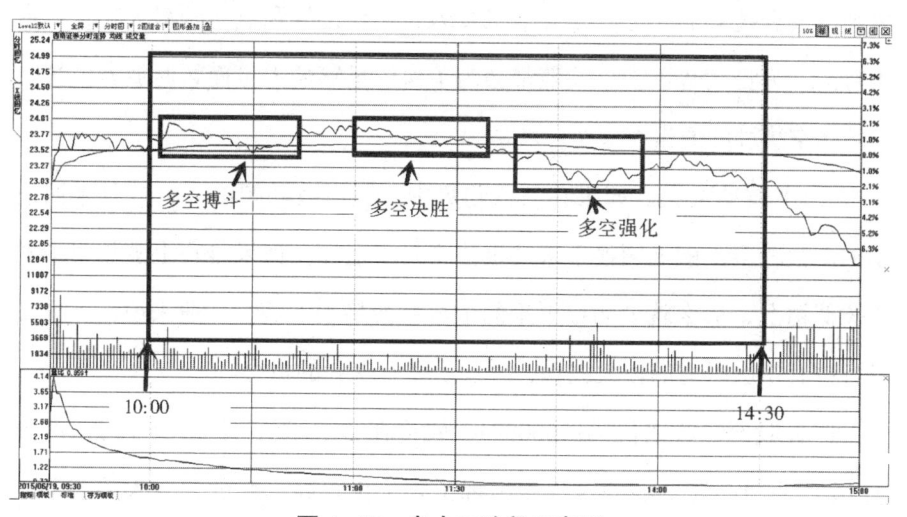

图4-15 盘中三阶段示意图

（一）多空搏斗

盘中的三个小时可以说是多空双方交战的真正战场。如果股价、指数波动的频率和幅度都比较大，就说明多空双方的交战非常激烈；如果股价、指数的变化幅度比较小，就说明买方和卖方都比较谨慎，致使大盘处于盘整态势。最终的取胜需要依靠的因素很多，如技术、资金、消息、人气等。在这个阶段由于大盘走势没有展现出非常明显的趋向性，因此新股民朋友最好不要选择轻易介入，除非出现了最佳的买卖点，否则场外持币观望才是上策。

（二）多空决胜

经过多空搏斗阶段的洗礼后，整体走势基本已经走出僵局，大盘开始体现出比较明显的趋向性。一般来说，在这个多空搏斗后的多空决胜阶段会出现两种结果：一种是多方的力量比较强，股价和指数被逐渐拉高；第二种是多方的力量比空方强，股价和指数不断被压低。不管哪一方的力量更强，占据优势的一方一定会借机发力，使自己的利益达到最大化；而占劣势的一方见大势已去，一般都会为了保留足够的力量而暂时放弃抵抗。一般多空决胜的要素有三个：

（1）波动次数。如果在下跌趋势中，股指波动幅度大，并且来回波动的次数较多，就说明接下来的走势将趋于上涨。如果是在上涨趋势中发生类似情况，那么就说明接下来的走势将会趋于下跌。一般来说，一个交易日中有7次以上的较大波动，就预示着有获利的机会。

广日股份（股票代码：600894）股价在2015年5月28日11点30分至14点期间，在上涨的过程中出现了频率比较高、幅度比较大的波动，这意味着该股后市很可能会出现下跌，该股后市的走势图也印证了这种推断（图4-16）。

（2）涨跌家数。如果股市上涨的家数多于下跌的家数，并且分布比较平均，就说明多方占据的优势比空方大，空方没有机会浑水摸鱼，在收盘的时候，指数具有较大的概率会上涨；反之，空方如果占优势，那么大

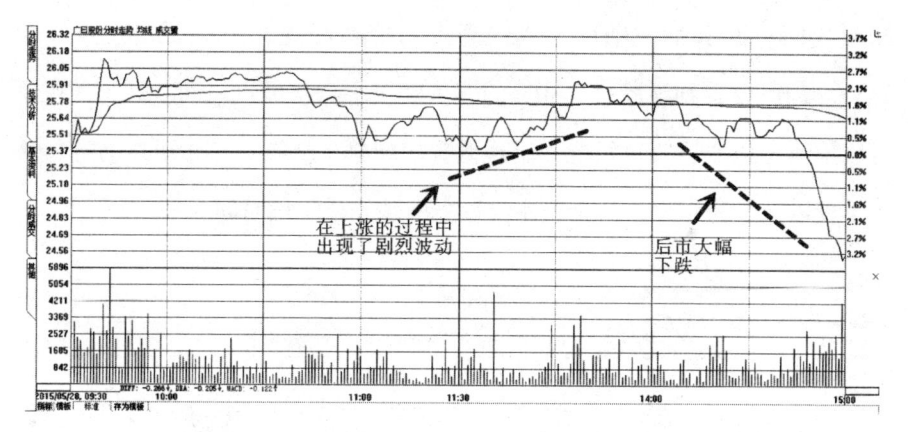

图 4-16　2015 年 5 月 28 日广日股份分时走势图

盘就会处于跌势。一般观察股市涨跌家数，辨别多空双方力量强弱的最佳时机为收盘前的一个小时。这时多空决胜已经接近尾声，投资者通过观察判断大盘走势难度相对较低。

（3）大盘指标股的表现。如果大盘的指标股没有出现比较明显的下跌，那么大盘也就没有下跌的理由；如果大盘的指标股都萎靡不振，那么大盘就很难走出积极的态势；如果多空指标股沦为空头指标股，那么就说明大盘的下跌还会加速。所以，一般大盘指标股是多空双方争夺的重点。

（三）多空强化

把 14 点 30 分也就是尾盘前的盘中阶段出现的最高点和最低点描出来，以两点之间的中间值作为研判标准值。如果此时指数在高点与中点之间，那么尾盘就极有可能会高收；如果此时指数处于低点于中点之间，那么尾盘就很可能会以低收结束一天的行情。

2015年5月28日，东宝生物（股票代码：300239）股价在经过了近一天的下跌行情后，于1点30分左右开始形成反弹行情，随后便再次下跌。

此时我们将其股价波动中形成的高点与低点相连，并标记出中点（图4-17），可以看到该股14点30分的股价处于中点与低点之间，从这种现象可以推测出该股后市很可能会出现低收的现象。从图4-17中可以看到，该股不仅以低收为结束，甚至还在收盘之前跌停过一段时间。

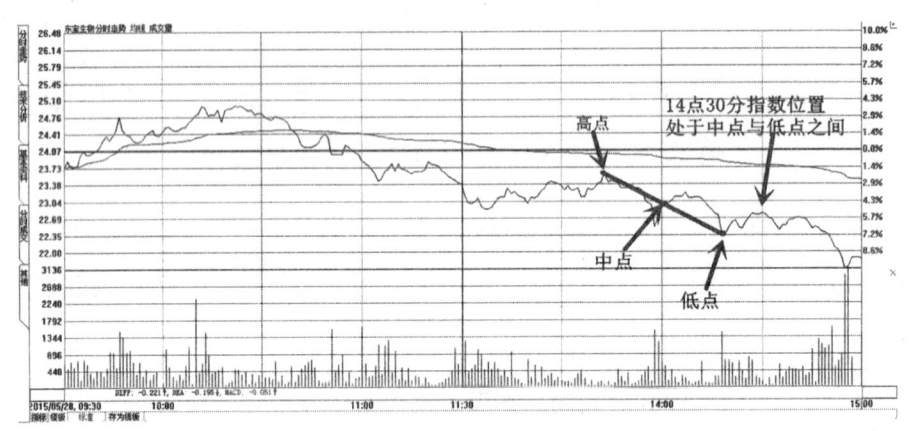

图4-17　2015年5月28日东宝生物分时走势图

四、如何看尾盘

14点30分到15点是尾盘的时间段，作为一天战斗的总结阶段，尾盘向来被股民所重视。如果开盘是序幕，盘中是表演过程，那么尾盘才是结局定论。尾盘之所以有如此重要的地位，是因为它不仅有着承前启后的作用，又能预测第二个交易日的基本行情趋势（图4-18）。

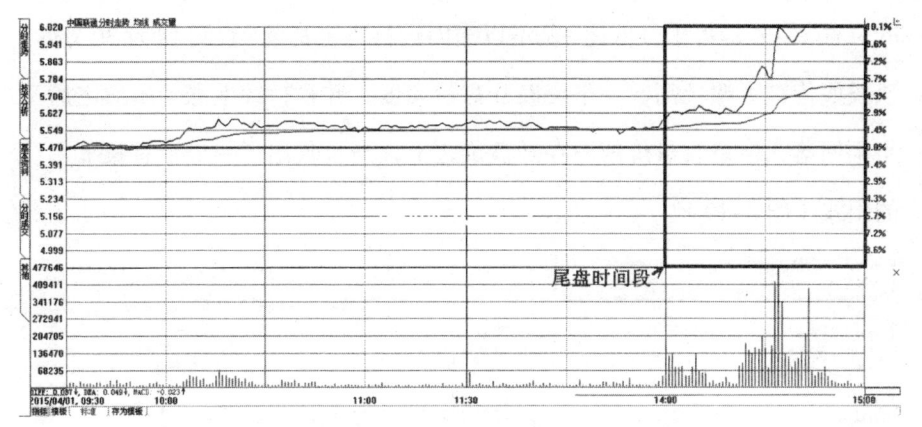

图 4-18 尾盘时间段示意图

（一）尾盘收红，并且收出一根长下影线

个股在当天收出一根带有长下影线的阳线，这是探底获得支撑后的反弹所造成的，这预示着第二个交易日有很大的概率会形成高开。当然有的时候也会存在尾盘拉升，而第二个交易日出现无力冲高的可能性。这种现象的形成原因有以下几种：

（1）在市场平均成本附近来回拨动股价，打击持股人的信心，达到逐渐收集筹码的目的。

（2）主力实力有限，无法继续操纵股价一路高歌直上，只好利用有限的资金在尾盘迅速拉高股价，减少抛压盘带来的资金损失。

（3）股价下跌至过于低下的区域，这不仅增加了主力收集筹码的难度，还容易被其他的主力浑水摸鱼，因此主力便迅速将股价拉回自己的成本区域内。

（4）盘内的筹码过于分散，主力只好通过盘中震荡来洗盘和收集筹码。

香江控股（股票代码：600162）股价在 2015 年 5 月 27 日开盘后，经过短暂的多空搏斗后开始一路震荡走低，随后股价虽然被拉升回开盘附近的位置，但是走势十分低迷，基本以横向运行为主基调。直到14点30分时，该股股价被大幅拉高，一举突破开盘价高度，并且持续上涨，虽然之后又小幅回落，但是收盘价依旧在开盘价之上，当日收出了一根带有长下影线的阳线（图4-19）。

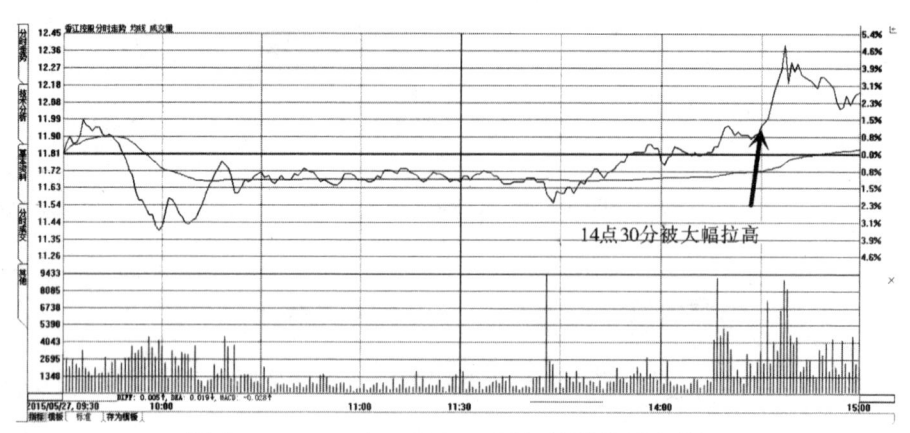

图4-19　2015年5月27日香江控股分时走势图

（二）尾盘放量

新股民朋友在进行股市投资的时候，如果遇到大盘处于上涨趋势，成交量趋于平稳发展，但是尾盘成交量突然放大的现象时，一定要提高警惕，因为这种现象通常都意味着第二个交易日开盘时会出现来自卖盘的抛压，股价上涨的可能性微乎其微。如果股价始终处于下跌趋势中，突然在尾盘放出大量，则就有可能是恐慌抛售所导致的，这是大盘即将跳水的预兆，新股民朋友此时最好选择场外观望。

在经过一段深度下跌后，上证指数于2015年1月30日形成尾盘放巨量的现象，从这一现象我们可以推测在第二个交易日上证指数很可能出现跳水的现象。反观上证指数的K线走势图，可以看到在第二个交易日确实出现了跳水现象（图4-20，图4-21）。

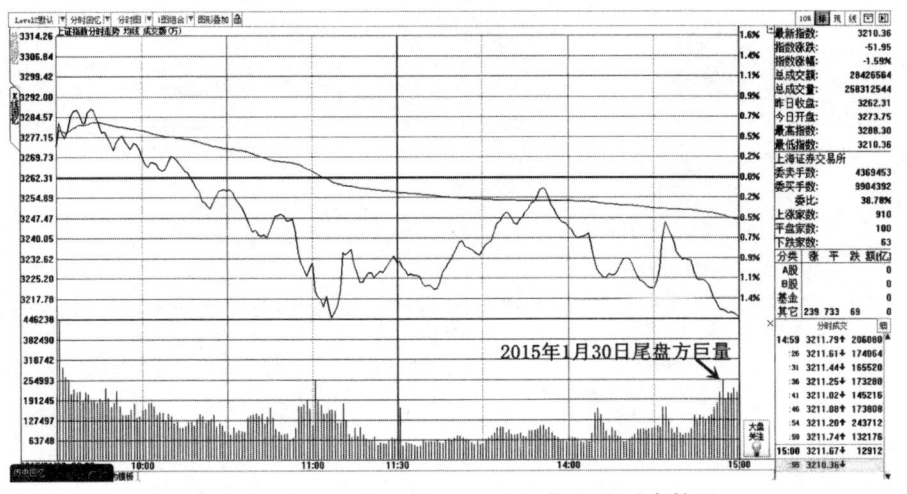

图 4-20　2015 年 1 月 30 日上证指数分时走势图

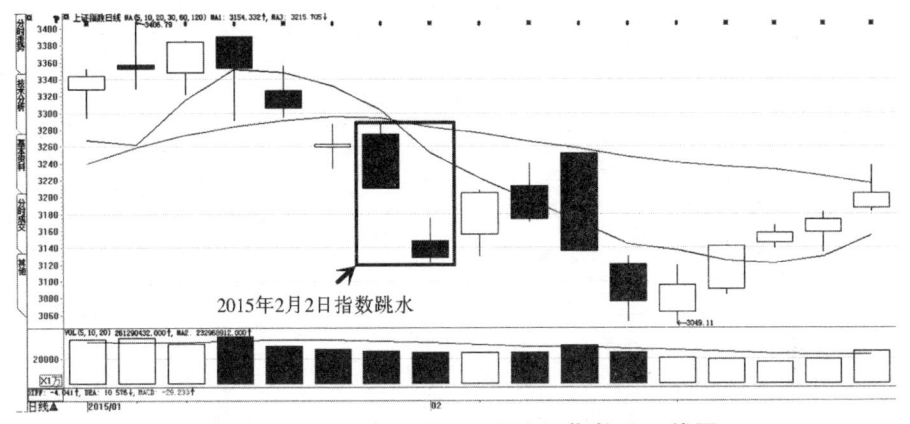

图 4-21　2015 年 1 月～2 月上证指数日 K 线图

由于尾盘具有非常重要的地位，因此，不管是多方还是空方，都非常重视这一阶段。新股民朋友需要注意的是，每周一的收盘股指点位、股价对整周交易的影响比较大。而到了周五的时候，多空双方普遍会变得比较谨慎。因为在周末两天休市期间，很有可能出台新的政策或者消息对股市造成影响。为了避免这些不确定因素带来的影响，很多投资者通常都会选择进行减仓操作。

第五章 ◉ 看透 K 线好套利

　　K 线图是股票市场中最基本的一种技术指标图,又被称作"蜡烛图""阴阳线"。只有掌握 K 线,才能真正学会炒股。所以,K 线对于投资者来说,是必须掌握的炒股基础知识。

一、什么是K线

现在被广泛应用于股票、期货等证券市场中的K线，最早是来源于日本的米市，其图形像蜡烛一样，有黑白色之分，所以也叫作阴阳线图。

（一）K线的基本构成

K线记录了每天的开盘价、收盘价、最高价以及最低价，所有的K线都是根据这4个价格来绘制的。开盘价和收盘价以一小段横线来表示，再将它们之间用两条竖线连成一个矩形实体。开盘价高于收盘价时，矩形用白色柱体表示，称为阳线；开盘价低于收盘价时，矩形用黑色柱体表示，称为阴线。

最高价与最低价用两条细线与竖线连接来表示。最高价与矩形相连接的线叫作上影线，最低价与矩形相连接的线叫作下影线。若最高价与收盘价相同，并且最低价与开盘价相同，则不会出现影线。

上影线的最高点是当天股票价格的最高价，下影线的最低点是当天股票价格的最低价。阴线和阳线用不一样的颜色来区分。在一般的炒股软件中，阳线用红色表示，阴线用绿色来表示。本书中阳线用白色来表示，阴线以黑色来表示（图5-1，图5-2）。

K线图蕴含着丰富的信息，非常直观，能充分显示股价趋势的强弱、买卖双方力量平衡的变化，较准确地预测后市走向，被广泛应用于股票、期货等证券市场中。

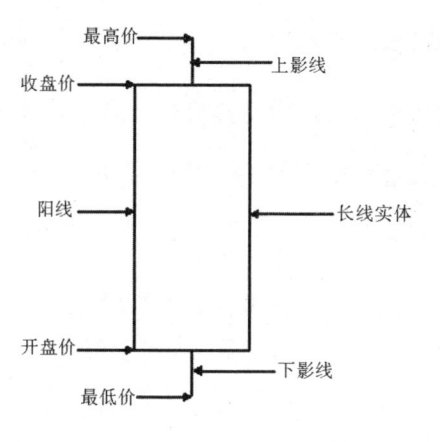

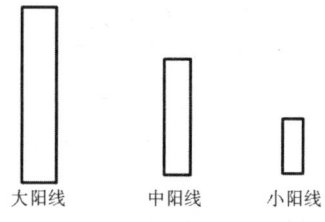

图 5-1 阳线示意图

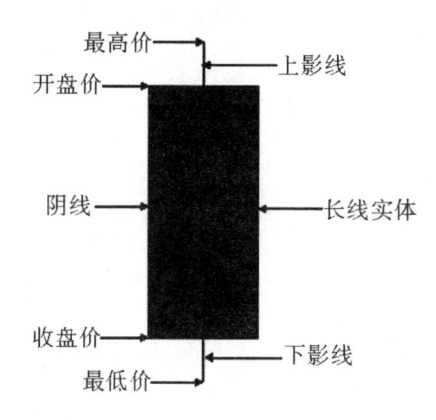

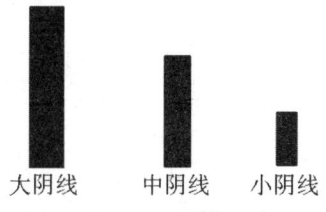

图 5-2 阴线示意图

（二）K线特殊形态

按时间顺序将每个交易日的K线排列，形成K线图。从图中可以分析出多空双方之间的力量变化，进而推测出股票市场未来的发展趋势。表5-1为单根K线形态及其含义表。

表5-1　单根K线形态及其含义

特殊图形名称	代表意义解读
光头光脚大阳线	没有上下影线的大阳线，在不同时期有着不同的意义：如果它在低价区出现，那么说明多头冲劲很强，新股民朋友们可以在此时买进；如果在一段时间的盘整后出现，说明多头战胜空头，也可以买进；如果它是在高价区出现，那么极有可能是获利盘在套现出场，股价会下跌，此时持币观望为上
光头光脚大阴线	没有上下影线的大阴线，在不同的阶段需要区别对待：如果在高价区出现，表明空头力量强，此时应该选择卖出，以避免股价下跌的风险；如果在盘整之后出现，说明空头战胜多头，也应及时出局；如果它在低价区出现，说明市场卖压不是很大，可以选择持币观望，择机抄底
光脚阳线	有上影线没有下影线的阳线，它的出现说明多方前期势头强劲，但是到了末期后劲不足，空方发力，最终导致股价回落
光脚阴线	有上影线没有下影线的阴线，它的出现说明多方前期优势虽大但逐步被空方压制，最终以最低价收盘
光头阳线	没有上影线却有下影线的阳线，它表示空方前期势大，股价大幅下跌，后期空方力竭，多方发力，最终股价以最高价收盘
光头阴线	没有上影线却有下影线的阴线，它表示空方一直强势，当股价大幅下跌时，部分投资者不愿意斩仓，此时多方开始发力，股价反弹
十字星	表示多空双方势均力敌。如果十字星在连日上涨后出现，后市可能会下跌；反之，则后市可能会上涨
T字形	表示开盘后空方强于多方，股价下跌。但多方后期发力，股价开始反弹，并以与开盘价相同的价格收盘
倒T字形	又被称为"墓碑"或"避雷针"。它表示多方前期发力，股价上升，但是空方后期也在发力，并逐步压制多方，最终个股以与开盘价相同的最低价收盘
一字形	表示全天的股价都是一样的，出现这种情况一般是因为开盘即涨停或者开盘即跌停。除了这两种情况外，成交量过少也会出现一字形

二、下跌K线组合

通过学习研究K线，可以发现K线传递着大量信息。将K线按不同的形态组合起来，形成K线组合。这些K线组合传递出的信息也大有不同。

（一）倒三阳

股价在向下运行的过程中连续收出三根阳线，叫作"倒三阳"（图5-3）。

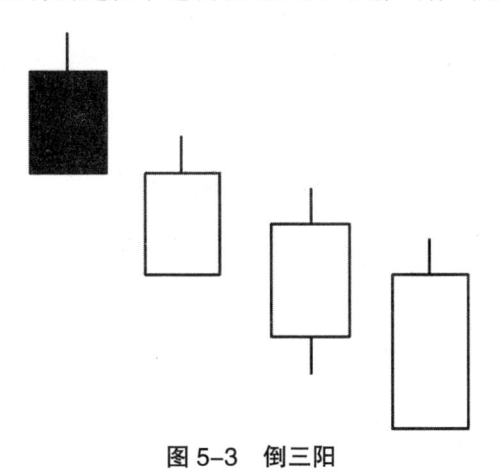

图5-3　倒三阳

主力在操纵股票的过程中，为了成功出逃制造了"倒三阳"这种假象。投资者们不要看见连续收阳，便误以为是股票价格要回升的信号，积极跟进，这样往往会掉进主力的圈套。所以在实际操作中，投资者若遇到"倒三阳"这种形态出现时，卖出手中的股票才是最佳选择。

（二）绵绵阴跌

由连续向下的小K线组合而成，一般不少于8根，像是绵绵细雨般。以小阴线为主，中间偶尔夹杂几根小阳线，数量很少（图5-4）。

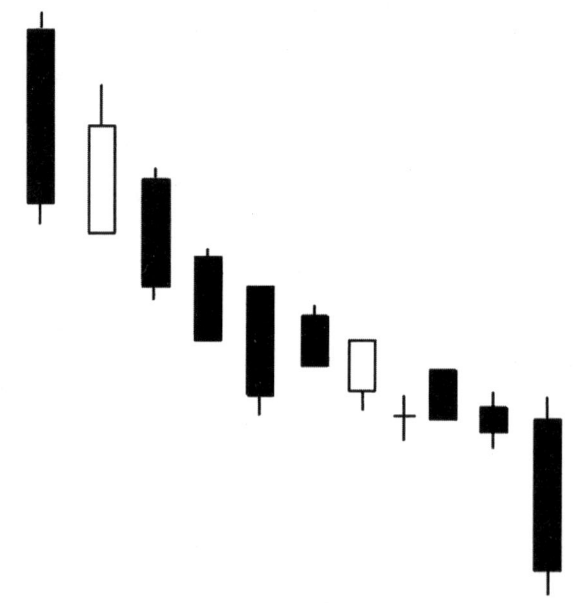

图 5-4　绵绵阴跌

这种形态看上去每天的跌幅不是很大，它却预示着后市股价的走势将会变得非常不乐观，甚至有可能长时间持续走弱。投资者对这种形态一定要保持高度警惕。

（三）下降抵抗

"下降抵抗"一般出现在股价的高位区。如果股价在高位区域横向运行，并且这段时间内 K 线以中阴线或者大阴线居多，虽然其中有时会夹杂少量的阳线，但这些阳线均为低开上行，收盘价均比前一根 K 线收盘价低。当满足了以上的条件时，下降抵抗也就形成了（图 5-5）。

投资者不要认为出现了这种形态，表示股票价格开始反弹便匆忙买进，结果被套。在遇到这种形态时，投资者应尽量及时卖出，谨慎操作，不要盲目投资。

图 5-5　下降抵抗

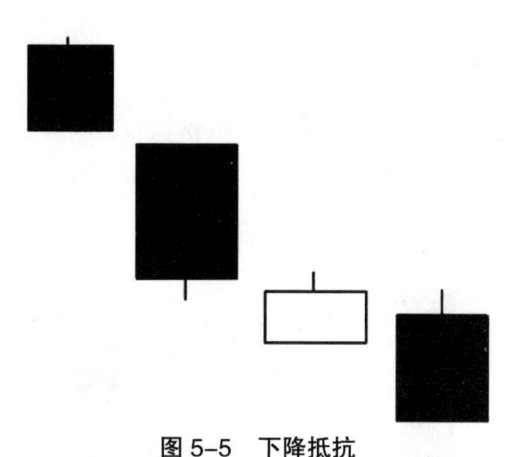

（四）连续跳空三阳线

多方攻势猛烈，K线出现连续地跳空高开，接连三天收出阳线，形成"连续跳空三阳线"。一般该形态出现在股价的上涨过程中（图 5-6）。

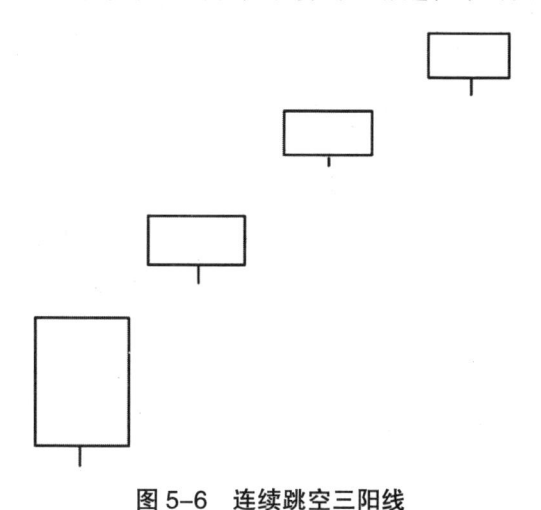

图 5-6　连续跳空三阳线

多方发力让股价跳空高开，而此时蓄势已久的空方一旦发起攻势，多方的力量不够与之抗衡，必然会造成股价下跌。这种形态最容易给投资者造成错觉，认为股价正处于上升势头。这时，投资者应该冷静离场，避免被套牢。

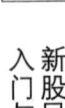

（五）下降三部曲

股票价格在下跌过程中，出现了一根较长的阴线后连续收出了三根小阳线，而后又出现了一根较长的阴线，这根阴线把之前的三根小阳线完全吞没。这种形态叫作"下降三部曲"（图5-7）。

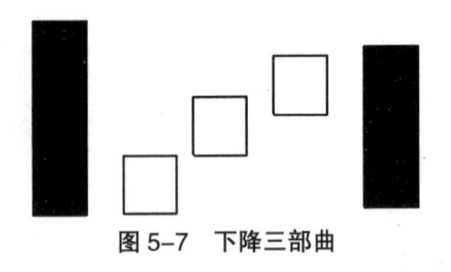

图5-7 下降三部曲

"下降三部曲"这种形态并不会完全按照前文所说的标准出现，可能中间的阳线并不是三根。无论其如何演变，都意味着多方已经无法战胜空方，股价进一步下滑，及时减仓才是明智的选择。

三、上涨K线组合

K线组合起来，会形成多种上涨形态。对于投资者来说，需要正确认清这些形态所代表的具体含义，及时跟进。

（一）多方尖兵

股价收出一根带有上影线的中阳线或大阳线，上影线的长度约为阳线的三分之一，而后股价出现回落整理。当多方发动攻势，股价超过了第一根阳线的上影线时，即构成了"多方尖兵"的形态（图5-8）。

这种形态一般出现在上涨行情中，意味着股价将会继续上涨，但必须满足此时的短期均线为多头排列,且成交量配合放大。

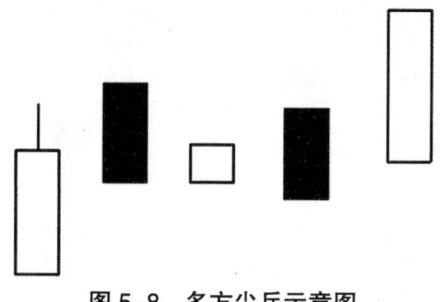

图 5-8　多方尖兵示意图

(二)高位并排阳线

K 线组合形态出现"高位并排阳线"时,往往意味着股价将会持续上涨。上跳的缺口也会成为股价上涨的支撑区,后市有很大的上涨可能性(图 5-9)。

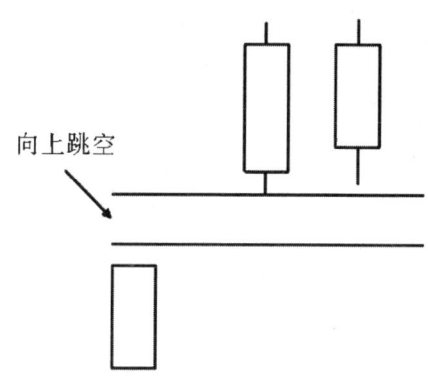

图 5-9　高位并排阳线示意图

投资者在实际操作中需要注意的是,此时向上跳空的缺口不能回补,如果在股价向上运行的过程中,突然在某个交易日出现了回补缺口,投资者应该提高警惕了,因为后市很可能会逆转。

(三)上涨两颗星

股票价格连续上涨的情况下,在中阳线或大阳线的上方出现两个小阳线、两个小十字线或者一个阳线和一个阴线的组合,都叫作"上涨两颗星"。它的出现预示着后市很可能会展开新一轮的上升行情,如果此时成交量也在放大,那么新股民朋友可以选择适当买进(图5-10)。

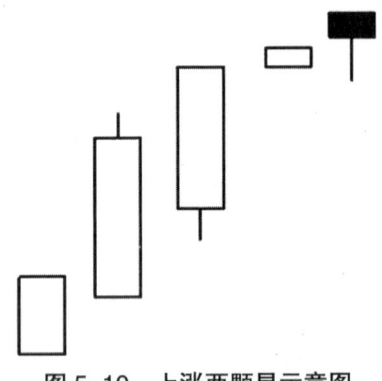

图5-10 上涨两颗星示意图

(四)红三兵

股票价格上涨的初期,股价在低位进行了一段较长时间的盘整,连续收出三根阳线的组合叫作"红三兵",如果在"红三兵"出现时,成交量也能逐渐放大,后市就极有可能出现持续上涨行情,新股民朋友可以选择试探性介入(图5-11)。

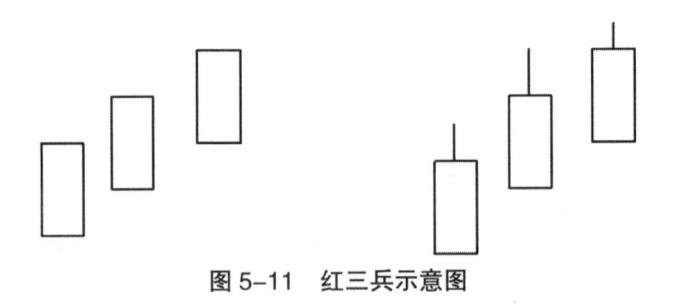

图5-11 红三兵示意图

(五)徐缓上升

这种形态一般出现在上涨趋势的初期,连续收出几根小阳线后出现一两根大阳线或中阳线。这种形态的出现说明多方正在发力上攻，后市往往会出现上涨行情，新股民朋友可以选择适量跟进（图 5-12）。

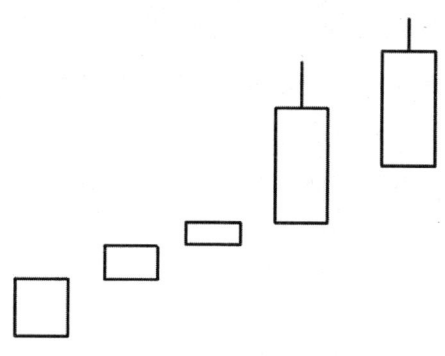

图 5-12　徐缓上升示意图

（六）跳空上扬

如图 5-13 所示，K 线收出一根跳空上扬的阳线，第二个交易日股价却不涨反跌，收出一根阴线，但是这根阴线的收盘价在前一根 K 线跳空位置的附近，上升跳空的缺口也没有被回补，这种形态一般出现在股票价格上涨的过程中。这种形态的出现，说明股价在上涨的过程中虽然遇到了少许阻力，但是经过多方的努力，这些阻力被击垮、股价仍然能持续上涨一段时间，新股民朋友遇到这种形态时，可以作入场的打算。

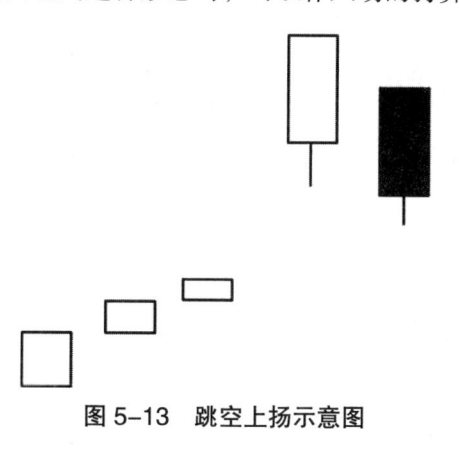

图 5-13　跳空上扬示意图

四、见底K线组合

K线走势图中出现见底形态，预示股票价格将要停止下跌，或股价在下跌过程受到了有力的支撑，终止了下跌态势，进入了上涨态势。K线组合中的见底形态为后市看涨这一现象的总称。

（一）反弹线

股票价格持续下跌，K线图中收出带有长下影线的阴线，若此时没有传出重大利空消息，股价很有可能反弹，投资者可以买进（图5-14）。

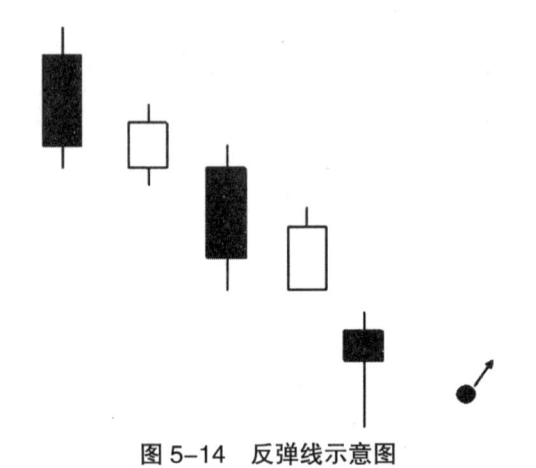

图5-14 反弹线示意图

（二）独立大阳线

若股市处于下跌的行情中，出现了跳空十字线，而后又跳空收出一根大阳线形成独立大阳线形态，这种走势说明买方即将发力使股价向上反弹，投资者可以选择买进股票（图5-15）。

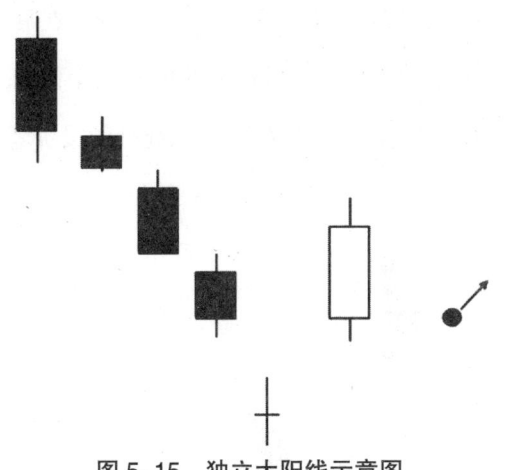

图 5-15　独立大阳线示意图

（三）低位并排阳线

股价处于下跌行情中，K线图中收出一根跳空低开的阳线，在跳空区形成了缺口，之后又出现了一根位置大致相同的阳线。这种形态叫作低位并排阳线，它的出现表示股价已经见底或阶段性见底，是行情转势的信号（图5-16）。

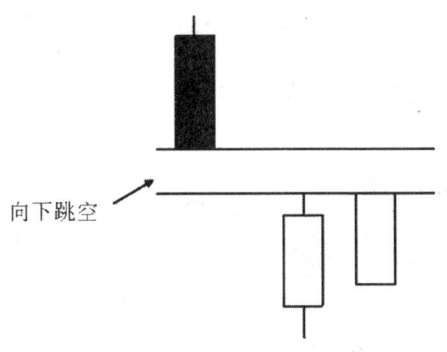

向下跳空

图 5-16　低位并排阳线示意图

（四）连续跳空三连阴

这种形态一般出现在下跌行情中，它往往表示股票价格已经见底。对于冒险型投资者来说,这是一种强烈的买进信号。在后面的走势中,股价及时地收出了一根至两根阳线回补下跌的第三个缺口,代表多方已经蓄势待发,股价上涨有极大的可能性。稳健型的投资者可以在此时跟进(图5-17)。

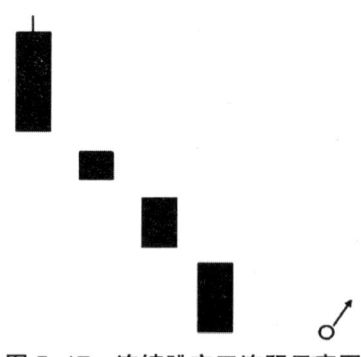

图5-17 连续跳空三连阴示意图

(五)下档五阳线

下跌行情已经持续了一段时间,K线图上连续收出了五根以上的阳线即为下档五阳线(图5-18)。这种形态往往表示此时的价位多方承接力量较强,股价即将见底或者已经到了一个阶段性的底部。属于一个比较典型的买入信号,此时买进不但风险相对较小,短线获利的机会也比较多。

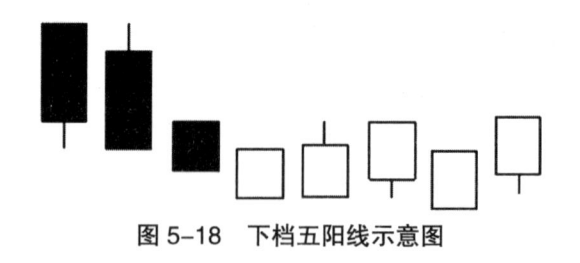

图5-18 下档五阳线示意图

(六)圆底

圆底形态是指股价在图形中呈现圆弧形,多由小阴线、小阳线组成,以向上的跳空缺口确认其成立（图 5-19）。

这种形态多数出现在股价下跌或横盘整理的过程中，形态一旦确认成立，后市进入上涨趋势的可能性增大。K 线图中若出现圆底形态，可以适当增加持仓。

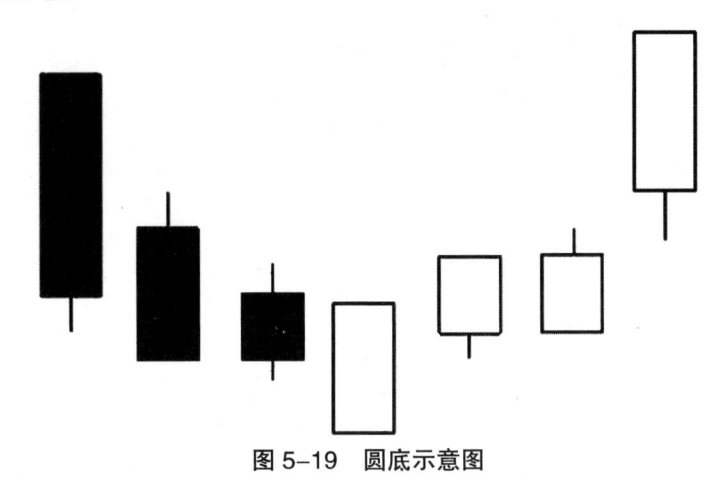

图 5-19　圆底示意图

五、见顶 K 线组合

K 线图中出现见顶形态，预示股价即将停止上涨，进入下跌趋势；或者股价在上涨过程中遇到阻力不能再继续上涨，后市即将进入下跌趋势现象的总称。

（一）黄昏十字星

股价上涨一段时间后，出现了向上跳空开盘，因开盘价与收盘价一致或十分接近，K 线图中出现了带有上下影线的十字星，之后的第二个交易日又收出一根向下的阴线，完成了黄昏十字星的形态（图 5-20）。

图 5-20　黄昏十字星

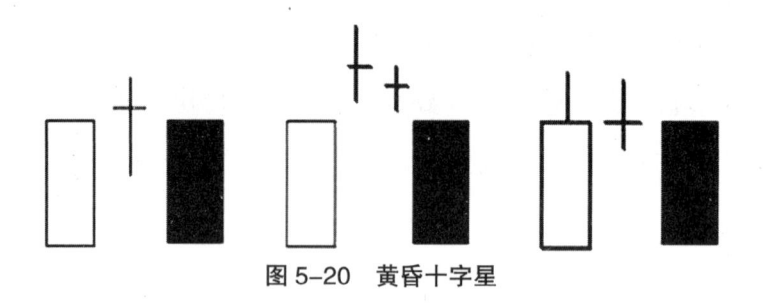

K线图中出现"黄昏十字星"通常意味着股价已经见顶或快要见顶，这时大势即将由升转跌。投资者在遇到这种形态时，要及时离场，因为一段下跌行情即将开始。

（二）平顶

相邻的两至三根K线中最高价几乎在同一水平线上，叫作平顶（图 5-21）。

图 5-21　平顶

平顶形态大多出现在股价上涨后，表示股价将要下跌，属于转势信号，大盘由上涨行情转变为下跌行情。投资者在遇到这种形态时，要随时做好离场准备。

（三）塔形顶

K线图中收出一根长阳线，而后出现连续的几根小阳线或小阴线，使涨势缓和下来，最后出现一根向下的大阴线或大阳线，便完成了塔形顶形态。这种形态一般出现在上涨行情中（图 5-22）。

图 5-22　塔形顶

塔形顶形态的出现预示着行情进入下跌趋势，投资者若遇到这种 K 线组合形态，最好选择及时离场，避免给自己带来不必要的经济损失。

（四）乌云盖顶

第一个交易日收出一根阳线，第二个交易日高开低走收出一根大阴线，这根阴线跌破了第一个交易日中阳线的三分之一，成交量也很大，这便形成了乌云盖顶形态（图 5-23）。

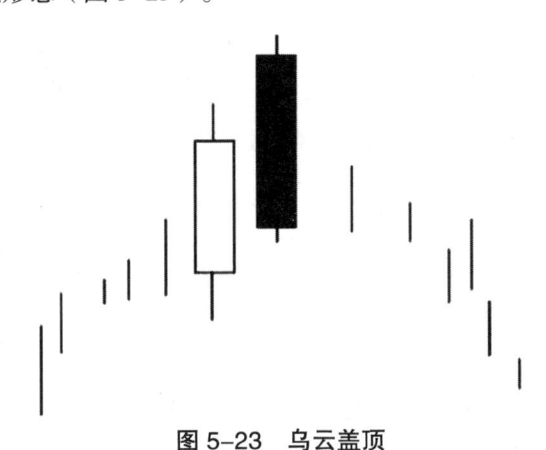

图 5-23　乌云盖顶

"乌云盖顶"是比较典型的见顶回落的转势形态。不同情况下，应对的方法也不同：

（1）第二个交易日的阴线实体的收盘价与前一个阳线的开盘价价差越小，该形态构成股价顶部的可能性就越大。

（2）第二个交易日阴线实体的开盘价高于某个重要的阻力位，却始终没能成功地突破这个阻力位，有可能是多头缺乏实力，没有力量掌控局面。

（3）第二个交易日开盘时，交易量非常大，有可能意味着很多新的买家已经下定决心进场，而随后的局面却会变成以抛售居多。这种情况下，新买家很快就会发现自己落入了陷阱当中。

（五）射击之星

股价在上升的过程中收出了一根带着上影线的小实体，并且上影线的长度至少是实体长度的两倍，一般不会带有下影线，少数会带有极短的下影线（图5-24）。

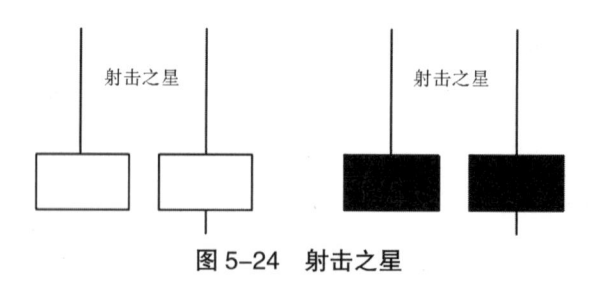

图5-24 射击之星

射击之星这种形态的出现，意味着多方力量不足，而空方力量会使股价随时见顶回落，后市已经失去了上涨的动力。投资者在一轮上涨行情之后遇见这种形态，应以观望为主。

（六）倾盆大雨

股票价格在一段上涨后，收出一根长阳线或中阳线，而后出现了一根低开低收的大阴线或中阴线。这种形态被称作倾盆大雨（图5-25）。

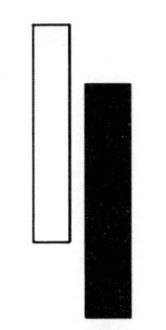

图 5-25　倾盆大雨

出现倾盆大雨这种形态，并不是所有情况下股价都会下跌。通常情况下，股价呈现下跌趋势，而当主力利用这种手段洗盘，股价后市也将迎来上涨。但出现这种情况的概率很小，新股民朋友们若遇到这种形态最好的选择便是出场观望。

六、岛形反转

岛形反转是一个重要的反转形态。它分为顶部岛形反转和底部岛形反转两种形态。岛形反转形态的出现，预示着股价走势将会发生反转，若投资者观察出这种形态要及时作出判断。

（一）顶部岛形反转

顶部岛形反转形态是指股价经过一段时间的持续上升，在某一个交易日突然向上跳空，并且加速上涨，但是随后股价便在高位徘徊，经过一段时间后，又突然向下跳空，并且两次跳空几乎在同一个位置上，从整体走势上看，就像是一座孤立在海中的小岛（图5-26）。

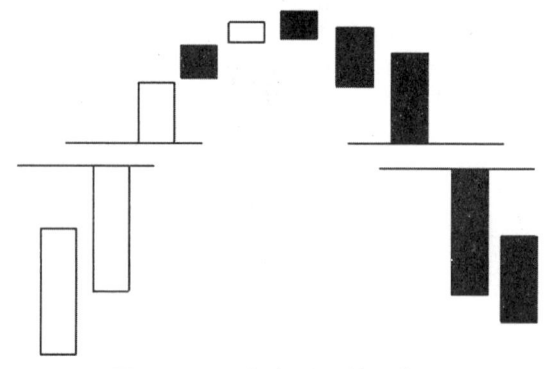

图 5-26　顶部岛形反转示意图

这种形态通常出现在中长期趋势的顶部，它的出现表示趋势的逆转。

在经过一段上涨行情后，和而泰（股票代码：002402）股价于 2014 年 11 月 24 日形成向上跳空现象，虽然这一现象代表着股价大幅上涨，但是好景并没有持续下去。在该股形成向上跳空后，股价虽然也进行了小幅上涨，但是在上涨后，该股便开始由升转跌，并且又形成了向下跳空，其形成缺口的位置与之前向上跳空形成的缺口位置几乎相同，整体走势具备了顶部岛形形态的特点。从图 5-27 中可以看到，在经过了顶部岛形的"洗礼"后，该股便开始大幅下跌。

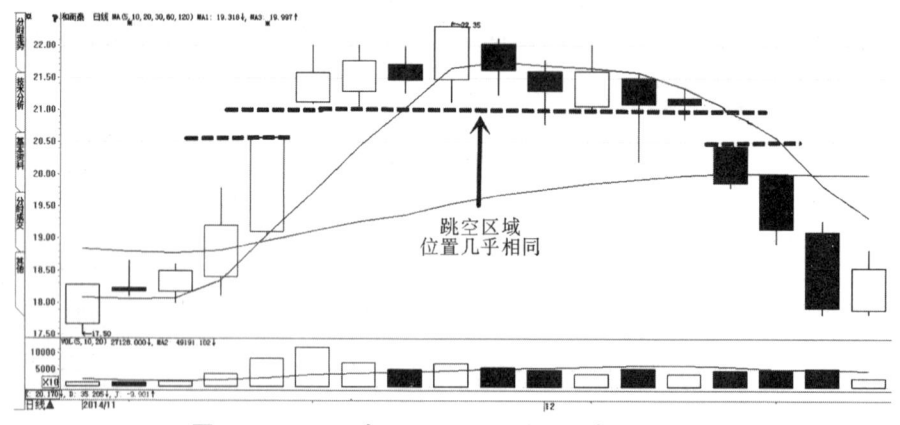

图 5-27　2014 年 11 月～12 月和而泰日 K 线图

（二）底部岛形反转

股价在下跌一段时间后，突然在头一个交易日低开形成一个向下跳空缺口，随后的几天股价开始不断下跌，但是股价在下跌到某一个低位点时又突然峰回路转，向上跳空后开始迅速攀升，并且这个向上跳空缺口与前一个缺口基本处于同一个价格区域，位置几乎相同。在图形上留下一个犹如海中孤岛一般的形状，这就是底部岛形反转（图 5-28）。

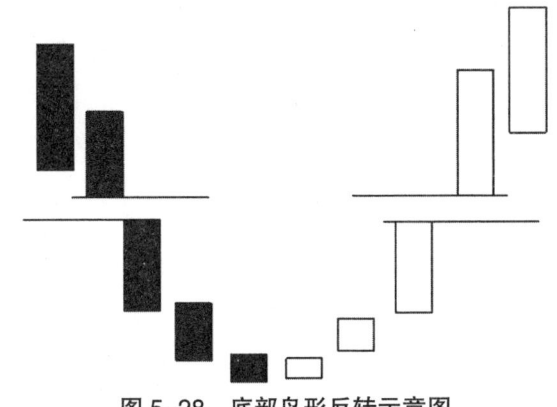

图 5-28 底部岛形反转示意图

底部岛形反转形态形成时基本会伴有很大的成交量。若成交量小，这个形态就很难成立。一般底部岛形反转的形态一旦确立，即预示股价要见底回升，从跌势转变为涨势。

这种涨势会遭遇空方的奋力反抗，但大多情况下，股价在下探上升缺口的时候会停止下跌，随后开始发力向上。

顶部岛形反转形态的确立，表示近期的趋势变弱已经成为定局，手中有持股的投资者在遇到顶部岛形反转时最好及时卖出手中的筹码，而还没有持股的投资者保持场外观望即可。而遇到"底部岛形反转"形态时，投资者应该觉察到形势已经开始逆转，不应再抱有看空心态。

七、V形反转

V形和延伸V形是股市中常见的两种反转形态，有着极强的力度和爆发力。通常出现在股市剧烈波动时期，只要在价格底部出现一次低点，便可改变原来的运行趋势，股价向相反方向发生剧烈变动。

（一）V形

一般股价经历较长时间的下跌，空方极度发泄后，突然出现了利好消息，这时股价调转直上，持续一段时间，在图形上留下一个V形（图5-29）。

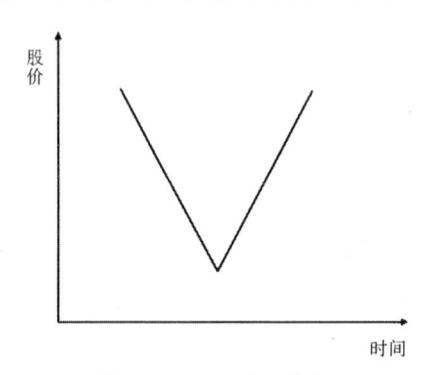

图5-29 V形示意图

V形反转并不会出现明显的前兆，但它出现的速度非常快，股价像是失控了一样。这种形态蕴含着超级潜能，它所能上升的高度也是无法预估的。一旦转势形成，可信度极高，所以这种反转形态对于投资者来说是需要十分重视的。下面介绍几点技巧，供投资者参考如何把握V形反转：

（1）涨跌幅度。股价在较短的时间内，跌幅大、动力强，出现V形反转的可能性就越高，如果出现超过5%以上的巨型阳线，就是很好的配合证据。

（2）量价配合。通常情况下，当V形反转即将形成，成交量会明显放大，特别是转势前后成交量的放大，它的本质是最后一批杀跌盘的出现和主力接货造成的。

（3）结合中长期均线进行分析。均线具有一种显著的判断趋势运行的功能，借助均线可以比较准确地把握V形反转的抄底机会，借助均线时，一般多采用20日均线。当股价第一次突破20日均线时，虽然不能明确V形反转确立，但这却是给冒险型投资者做多的信号，一旦出现第二次突破20日均线，那么基本上就可以确认反转形态的确立，这是给稳健型投资者的做多信号。

2014年12月~2015年1月期间，蓝色光标（股票代码：300058）股价在经过了一段大幅下跌后，于2015年1月5日探底，随后股价开始大幅、快速上涨，在图形上留下了一个比较明显的V字形走势。到了2015年1月12日，该股股价出现大幅上涨，在成交量放大的情况下，股价也成功突破30日均线，这就意味着最佳买点已经出现，投资者如果遇到这样的情况，就可以选择积极介入（图5-30）。

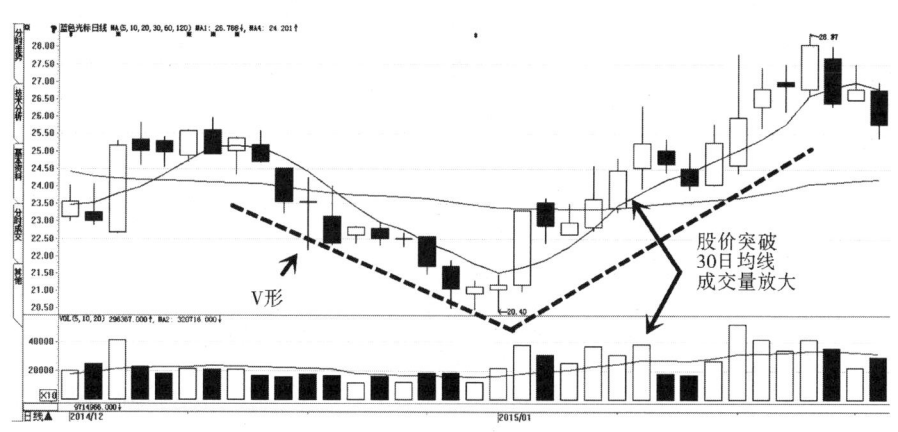

图5-30　2014年12月~2015年1月蓝色光标日K线图

（二）延伸V形

延伸V形从V形演变而来。在形成V形走势期间，如果在下跌的阶段，股价出现横向走势，之后股价打破这种横向僵局，继续完成整个形态，其图形所形成的就是延伸 V 形（图 5-31）。

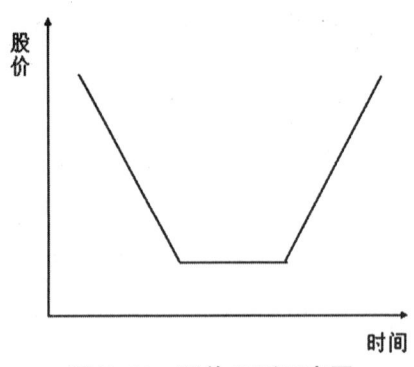

图 5-31　延伸 V 形示意图

出现延伸 V 形时，投资者们需要注意，股价在突破其徘徊区域的顶部时，必须有成交量的配合。

在股市投资中遇到和 V 形、延伸 V 形相似的走势时，已经持有该类股票的投资者要随时关注股价走势的展开；未持有股票的投资者，可选择在 V 形、延伸 V 形将要完成前，也就是股价突破前高点的同时，成交量放大的时候买进股票。

八、头肩反转

头肩顶和头肩底都属于反转形态，它们的出现预示股市即将发生转折，改变原来的趋势。当出现这两种形态时，投资者应掌握好时机，认清出现的信号，进而找到合适的买入点和卖出点。

（一）头肩顶

头肩顶是股市中一种重要的技术形态。一开始，市场的投资热情高涨，股价上升、成交量也配合放大，经过一次小幅回调后，错过上一次涨势的投资者纷纷进入，股价继续上涨，并且高过上一次的最高点，体现出热络的股市行情。

而实际上经过一次上涨后成交量并没有之前大，说明买方的力量正在逐步地减弱。此时对股市前景不看好的一部分人，以及没能及时在上次高点卖出的短线投资者，都会卖出手中的股票，导致股价再一次回落。

当股价第三次上升，为那些后知后觉的投资者提供了机会，但股价已经不可能再次冲高到最高点的位置，成交量下降，而大部分股民也由积极开始转变为消极，股市将会迎来一次大幅下跌（图5-32）。

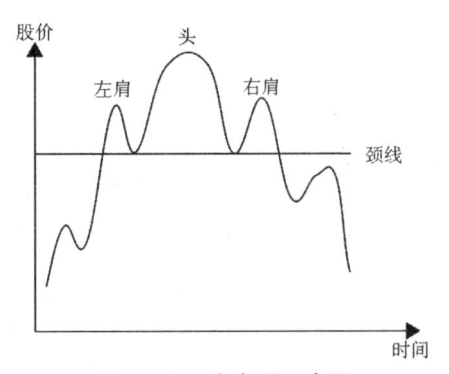

图5-32 头肩顶示意图

通常情况下，当最近的一个高点的成交量较前一个高点的成交量低时，极可能是出现了头肩顶的形态。具有一定炒股经验的投资者会在股价第三次回升而成交量继续下降的时候卖出手中持股。

一旦头肩顶的颈线被击破，就可以看做非常强烈的卖出信号。而这只是跌势的开始，后市还会持续跌下去，在此时卖出股票是最好的选择。

（二）头肩底

头肩底同样是一种典型的反转形态。股价下跌的时候形成左肩，成交量相对增加，之后出现一次成交量较小的上涨态势。而后股价再次下跌，跌破上次的最低点，成交量增加。

当股价再次上涨至之前反弹的高点位置后，出现了第三次回落，这时候的成交量相比之前形成左肩的成交量要明显萎缩，等到股价回落至左肩水平的时候，就形成了右肩。此后，该股迎来主升浪，并且成交量也在放大（图5-33）。

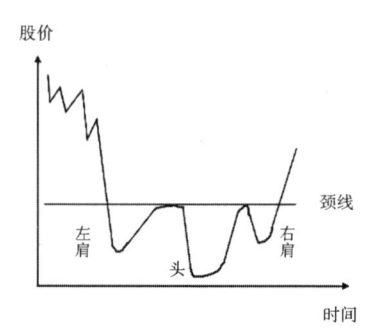

图5-33 头肩底示意图

头肩底这种形态一旦被确认形成，上涨的幅度会大于该形态在形成期间的最大涨幅。头肩底的确定形成，预示着股市恶劣的时期已经过去，最低价位已经出现，若股价再次下跌，下跌空间也十分有限。投资者们正在积攒购买力，一旦股票价格突破颈线，便可以看作非常强烈的买入信号。头肩底是股市中具有预测功能的一种形态。

九、三重形态

三重形态是判断股市未来走势的技术形态，是头肩形态的一种变体，也是用来寻找和确立买卖点的重要信号。它是由三个一样高的顶峰或三个一样低的低谷组成的，如同三座齐平山峰或倒立的三座齐平山峰。所以三重形态也分为三重顶形态和三重底形态（图5-34，图5-35）。

中国股市的成熟化程度越来越高，庄家操盘手法也越来越隐蔽，使用一些生涩并不被大多数人知道的技术越发成为庄家的首选，所以这里单独将三重形态提出。三重形态现在越来越受到庄家的喜爱。三重形态的最佳买卖点都是以股价跌破或突破颈线为准，但是由于其不太明显的变动，投资者不好把握。

三重形态与"头肩"形态的区别在于三重形态的头的价位与肩的价位相差不多，有时肩部可能会高于头部，而"头肩"形态的头部的股价一般都高于肩部的股价。

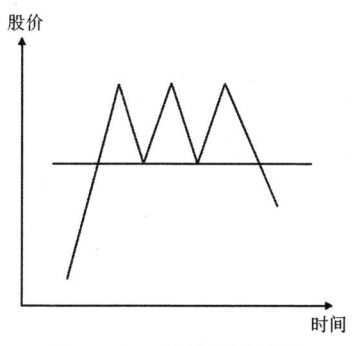

图5-34 三重顶示意图

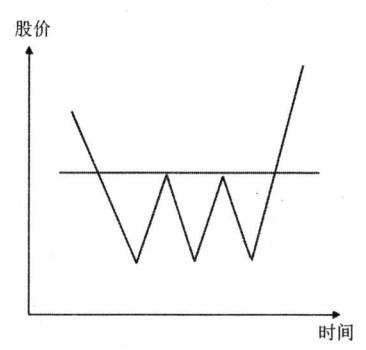

图5-35 三重底形态示意图

（一）三重顶形态

三重顶形态的特点如下：

（1）股价经过一段时间的攀升到达一定的高度。

（2）颈部线基本处于同一水平，顶部山峰也基本处于同一高度，有时左右山峰会比中部山峰高一些。

（3）当股价跌破颈线的时候意味着下跌趋势的到来，出现卖点。

（4）寻找头肩顶形态的方法基本适合寻找三重顶形态。

中国船舶（股票代码：600150）股价经历过一段时间的上涨后，在2013年1月～3月期间出现三重顶形态，随后股价一路下跌。如图5-36所示，2013年1月16日，股价最高25.92元，2013年3月12日股价突破颈线，出现卖点，股价一路下跌。截至2013年5月2日股价最低17.77元，跌幅为31.44%。新股民朋友应该在2013年3月12日，也就是这种形态确定形成时抛出手中持股。

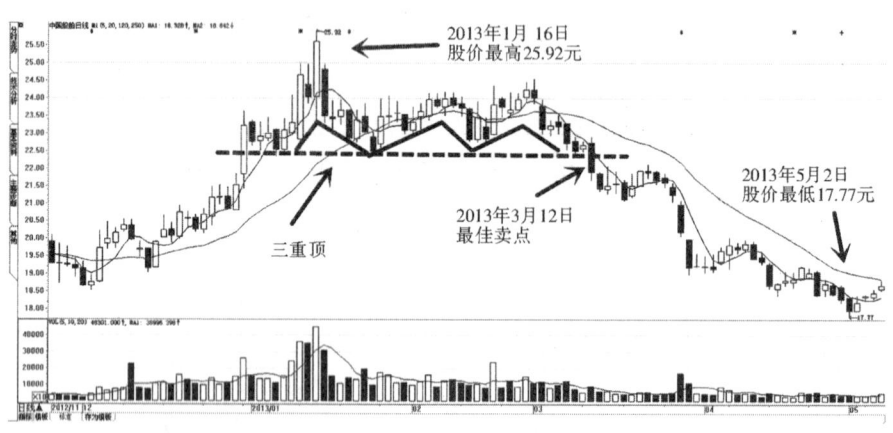

图5-36　2012年12月～2013年5月中国船舶日K线图

（二）三重底形态

三重底形态的特点如下：

（1）股价经过一段时间的下跌到达较低的位置。

（2）颈部线基本处于同一高度，底部低谷也基本处于同一水平，有时左右低谷会比中间低谷低一些。

（3）当股价突破颈线的时候意味着上升的趋势出现，出现买点；

（4）寻找头肩底形态的方法基本适合寻找三重底形态。

歌华有线（股票代码：600037）在2013年7月至9月期间出现三重底形态，随后股价一路上升。如图5-37所示，2013年7月30日股价最低6.62元，2013年9月18日股价成功突破颈线，出现最佳买点，股价随后一路上升，截至2013年10月5日股价最高10.43元，期间股价涨幅达57.55%。如果投资者能够在9月18日买入该股，相信随后的利润也不会让投资者们失望。

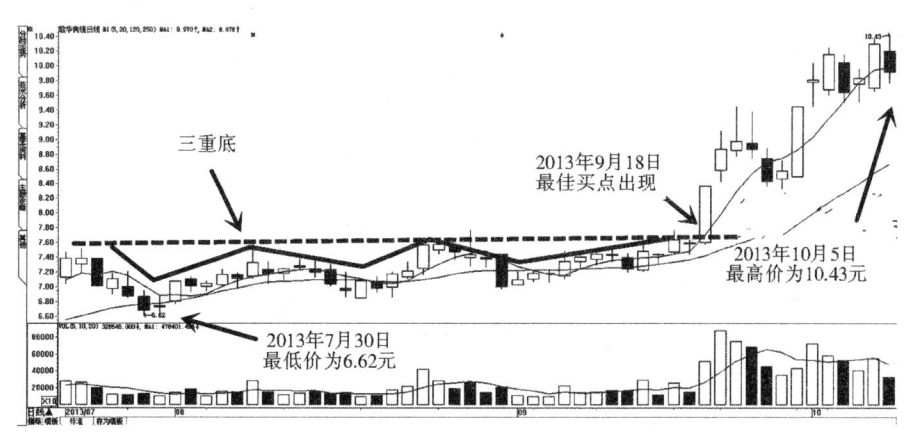

图5-37　2013年7月~10月歌华有线日K线图

第六章 ◉ 看量价识走势

　　股票的成交量和价格之间的关系为同步或背离，这种同步或背离关系在判断股价走势上中占有重要的地位。相较于其他的技术指标，量价关系更加简单明了。投资者可以根据量价之间的关系，判断走势，从而进行股票的买卖。

一、解读成交量相关概念

在股市中，经常能听到一句话："有量必有价，量在价先行。"成交量对分析未来股票价格走势，判断市场走势有着重要的意义。成交量增加说明市场中无论是买家还是卖家对于当前的技术指标所带来的信息都是认可的。

下面将介绍成交量以及相关的概念，以使股民朋友对成交量有更直观的认知。

（一）成交量

成交量是指单位时间内股票的交易量，即单位时间内，买方买入了多少股票或卖方卖出了多少股票。在 K 线中以条形柱状体表示，单位为股或手。K 线属性不同，以不同颜色来区分。某个交易日内，收盘价高于开盘价，成交量用红色柱体表示，反之用绿色。本书内以黑白两色来表示（图 6-1）。

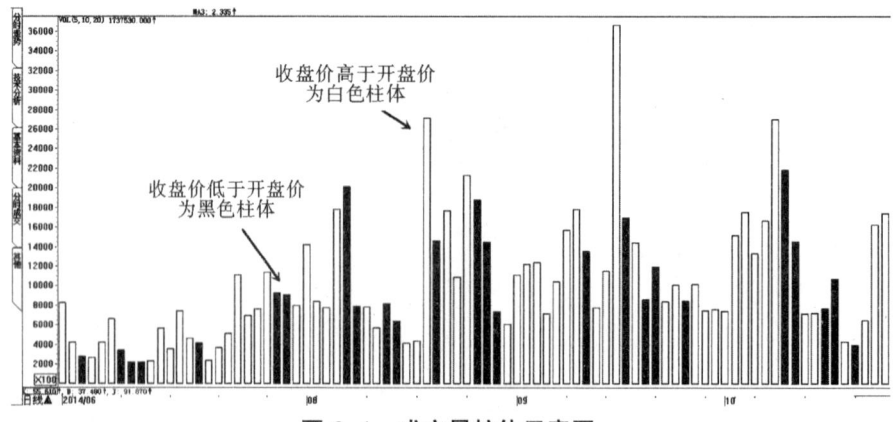

图 6-1 成交量柱体示意图

（二）总成交金额

总成交金额等于股票的每笔成交股数乘以成交的单价累加的总和。成交量可以表现出一只股票的交投活跃程度，成交额表现出一只股票吸筹大小。若股票的成交量相同，股票价格高的，操作该股所需资金多。

总成交金额可以显示出股票市场中主流资金的流向和投入市场的总体资金状况，以资金的形式，直接体现出市场中各只股票交易的冷热程度。对于用成交股数以及换手率难以反映主力资金情况的个股来说，总成交金额能够比较客观地反映这类情况。

（三）平均每笔成交量

平均每笔成交量计算公式为：

平均每笔成交量 = 某段时间成交股数 ÷ 这段时间内交易所主机撮合的成交笔数

平均每笔成交量可以用来观察主力行为。主力在建仓、洗盘、拉升及出货等各阶段的行为会通过平均每笔成交量反映出来。投资者在股市投资中，应多加关注平均每笔成交量的变化。

（四）总手和现手

一个交易日内从开盘到现在的总成交股数叫作总手，也称作总量。盘口中，内盘与外盘的总和即是总手。

一只股票最近的一笔成交量，叫作现手，单位为手。一个交易日内所有现手加起来就是总手，即这一交易日内的成交量（图6-2）。

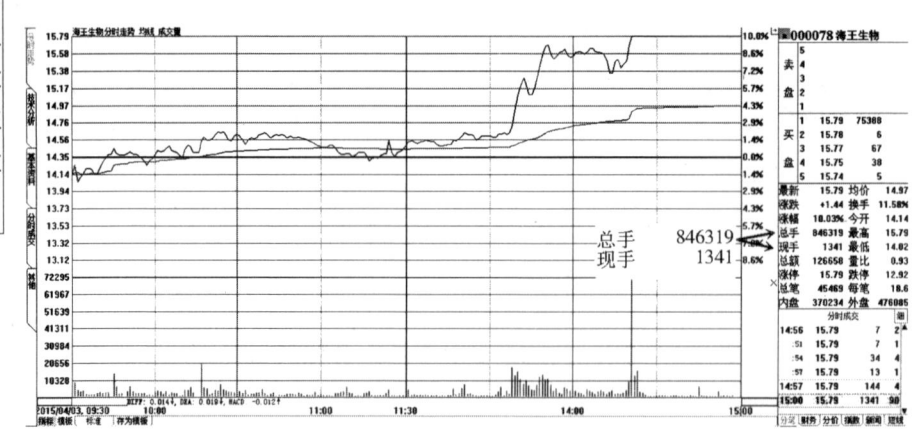

图 6-2　总手、现手示意图

（五）委买和委卖

委买是指委托买入股票的价格比卖方给的价格低，而暂时未成交的交易；委卖是指委托卖出的股票价格比买方给的价格高，而暂时未成交的交易（图 6-3）。

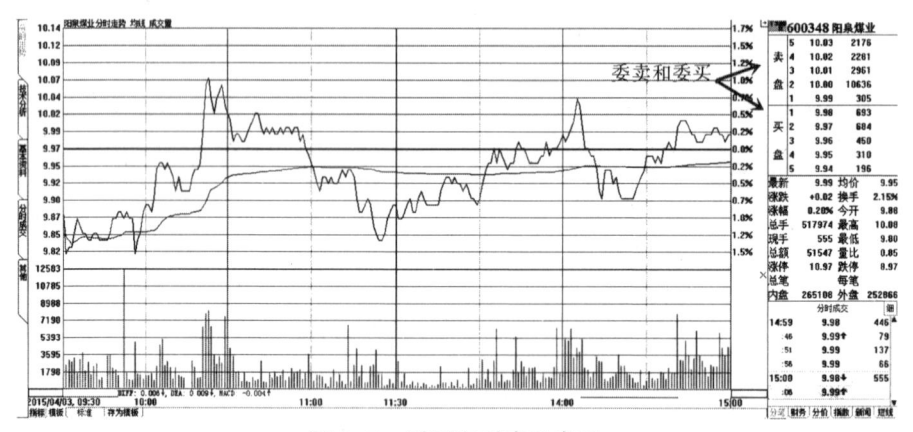

图 6-3　委买和委卖示意图

（六）内盘和外盘

内盘、外盘也就是卖盘和买盘的意思。买盘和卖盘等候显示栏中有五档等待买入和卖出股票的价位以及买卖单数量。无论是买单还是卖单，在五档价格内成交，便会计入买卖盘内（图6-4）。

内盘代表卖方势力，外盘代表买方势力。若内盘的数量大于外盘，说明卖方力量较强；若外盘的数量大于内盘，说明买方力量较强。内盘与外盘之间的数量差距大小，则说明了买卖双方之间的力量差距。

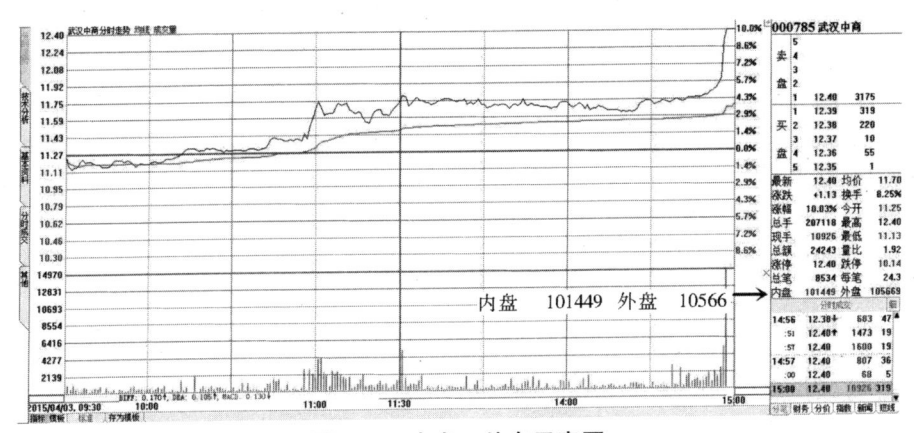

图6-4 内盘、外盘示意图

（七）量比

量比即开市后每分钟的平均成交量与之前5个交易日每分钟平均成交量的比值，是用来衡量相对成交量的指标。

量比的计算公式为：

量比 = 现成交总手 ÷（过去5个交易日每分钟成交量 × 当日累计开盘时间）

量比的数值大于1且数值越来越大时，说明当日每分钟的平均成交量大于之前5个交易日的平均值，交易比过去火爆，成交总手数在扩大；量比数值小于1且数值越来越小时，就说明成交总手数在缩小（图6-5）。

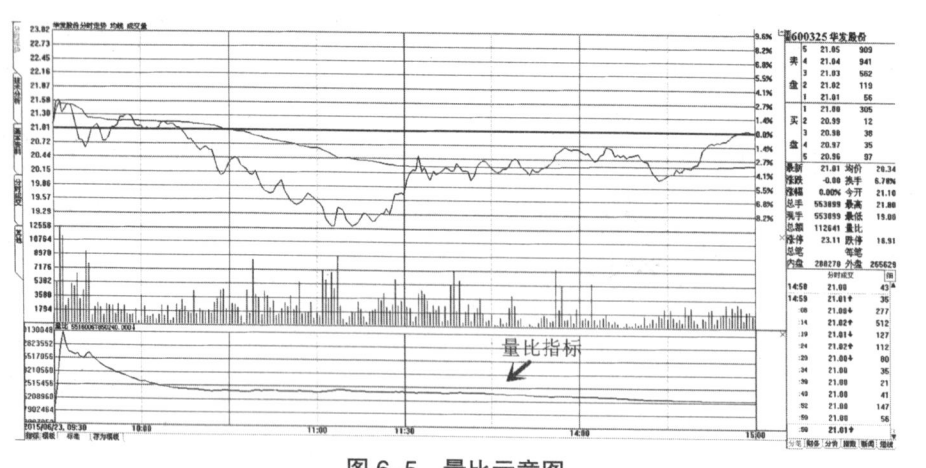

图 6-5　量比示意图

（八）换手率

换手率指的是在一定时间内股票转手买卖的频率。它既能反映股票流动性的强弱，也可以准确地反映规定时间内成交量所占可流通股数中的比例（图 6-6）。

换手率的计算公式为：

换手率 = 每个交易日的成交量 ÷ 股票的流通股本 ×100%

如果换手率越高，说明交投越活跃，市场中购买意愿越高；相反，

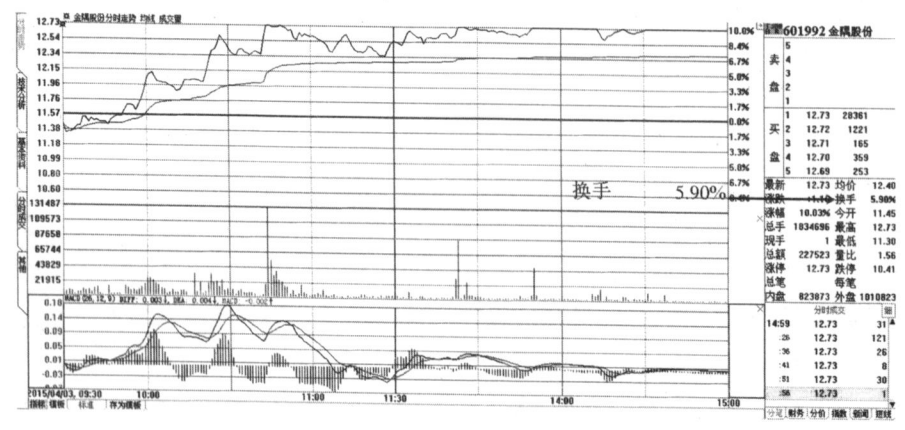

图 6-6　换手率示意图

则代表市场中购买意愿并不强烈。此外，换手率高往往意味着股票流动性好，进出市场也较为容易。新股民朋友想进行短线投资，最好选择换手率高的股票，这类股票的股价往往在短时间内起伏比较大，操作的空间会比较大。

二、成交量形态详解

股市中的成交量指标具有多种形态，和很多指标一样，不同的形态当然表达了不同的含义。

下面来介绍一下，成交量拥有哪些形态以及这些形态分别代表的含义。

（一）地量

地量指成交量呈现出极度萎缩的状态，与天量相对应。出现地量说明盘中交易非常冷清（图6-7）。

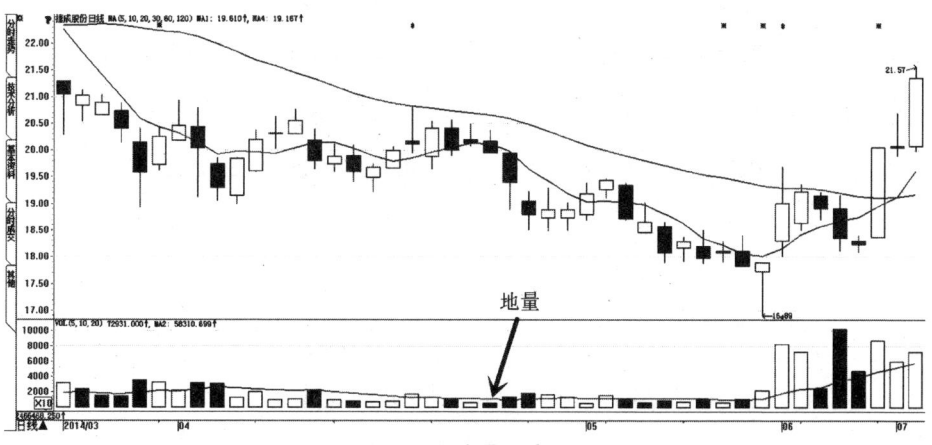

图6-7　地量示意图

地量大多出现在股价经过长时间下跌后进入的底部区域，偶尔也会有极个别的股票在地量出现时继续阴跌的情况。

（二）天量

天量指股价在运行过程中突然放出的巨大成交量，又称巨量。一般情况下，量比在 5 倍以上即被认为是天量（图 6-8）。

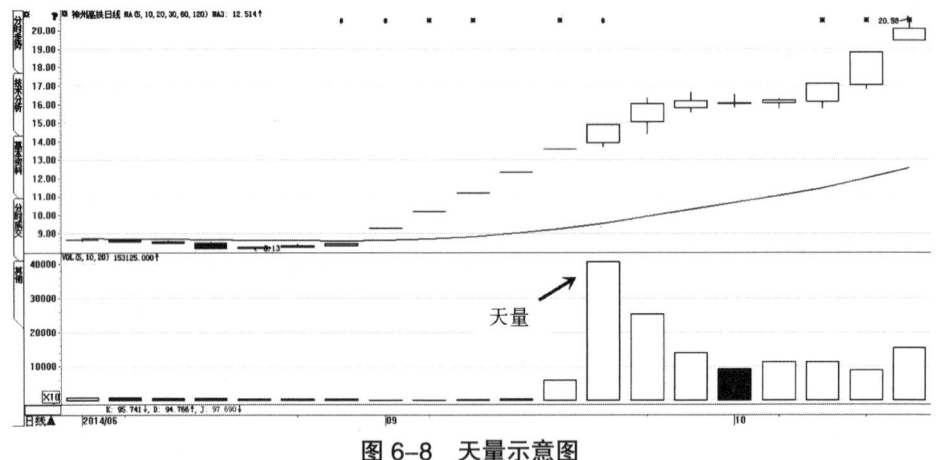

图 6-8　天量示意图

天量会出现在股价走势中的任一阶段，此时新股民朋友可依据股价所处的位置来制定合理的投资策略。通常情况下在涨势中出现了天量，那么股价就有很大的可能会见顶；股价正处于下跌途中，这种天量就可能是主力疯狂逃出造成的；若股价在绵绵阴跌的时候，突然出现天量，预示该股很可能会出现 V 形走势。

（三）缩量

缩量也是一个相对概念，即近段时间的成交量比前一段时间出现了明显减少现象，量比在 0.5 倍以下（图 6-9）。

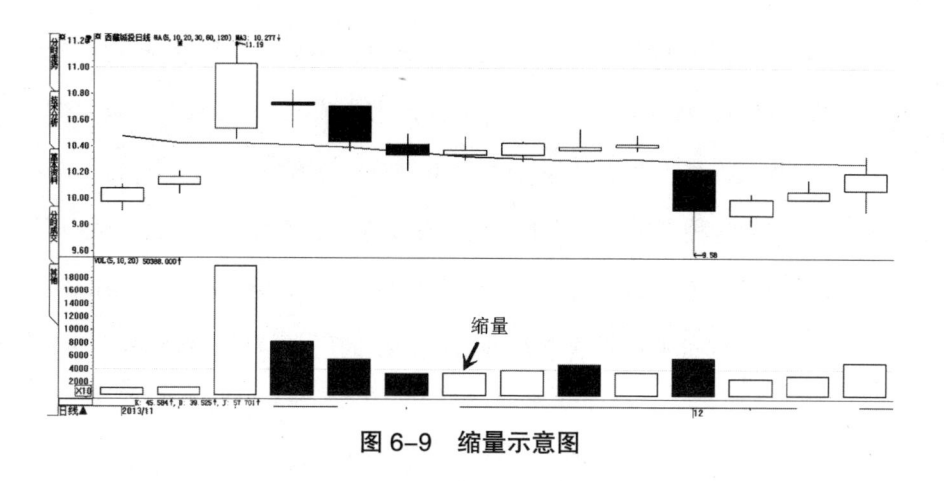

图 6-9　缩量示意图

缩量表明市场交投清淡。成交量减少后一般会出现盘整或对原来的趋势修正。缩量经常发生在上涨或下跌的大行情内，体现了趋势的延续。主力在操控一只股票时，可以制造放量的假象，却无法制造缩量的假象，因此，缩量的可信度很高。

（四）放量

成交量是一个相对概念，近段时间的成交量比前段时间的成交量大，便是放量。量比在 2.5~5 倍为明显放量（图 6-10）。

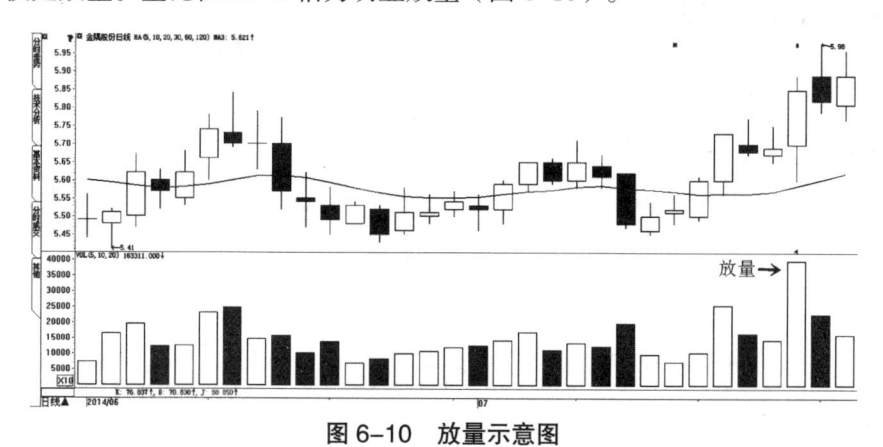

图 6-10　放量示意图

股市趋势发生转变，多空较量结果对后市的影响慢慢加大，买卖双方都变得越发活跃。但通常放量的水分很大，通常被主力加以利用，迷惑散户。

投资者可以以放量出现的位置及K线形态为依据，判断放量的真实性。

（1）放量滞涨。成交量出现连续几日的放量，股价却并未上涨，便是"放量滞涨"。出现这种现象，投资者需要提高警惕，这通常是主力为了吸引跟风盘利用对倒手段产生放量现象，表明主力准备离场，后市行情不容乐观。

（2）高位放量下跌。这是股价由涨转跌的可靠信号，新股民朋友应及时离场。

（3）股价在下跌的过程中放量连收小阳线。这有可能是主力制造的构筑底部的假象，股价往往会在跌穿这个假底后继续下跌。

（五）均量

量比在0.8~1.5倍的成交量形态叫作均量，它说明成交量相对于最近5~10日而言是一个正常的水平（图6-11）。

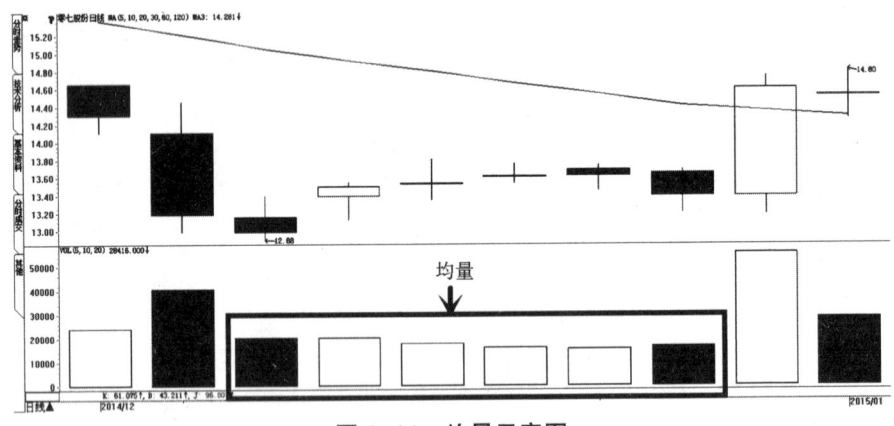

图6-11 均量示意图

均量体现了一种正常水平的成交量，但分析这种形态也需要结合前几个月的成交量，因为均量是可以由主力完全操控所制造出来的现象。新股民朋友要学会结合具体情况，综合分析。

三、透过换手率看大盘

前文曾介绍过换手率能反映出股票流动性的强弱，也可以准确地反映规定时间内成交量所占可流通股数的比例。把换手率和股价的走势结合到一起，可以从中大致推测出后市的走势：若换手率突然增加、成交量放大，表明市场中的股民可能在大量买进，股价很有可能会随之上涨，可以看作买进信号；若股票的价格经过了一段时间的上涨后，换手率突然增加，则有可能意味着一些获利盘将要套现离场，后市的股价很有可能会下跌，可以看作卖出信号。

（一）加速换手率（图6-12）

一只股票的日换手率在 1%~10% 之间，则为加速换手率，加速换手率的出现，说明这只股票的市场交易比较活跃，买盘和卖盘的表现都比较积极，股价会按照原来的趋势加速发展。若这种情况发生在股价上涨初期，新股民朋友可以积极介入或者补仓；若这种情况发生在下跌行情中，新股民朋友应该选择迅速套现离场，落袋为安。

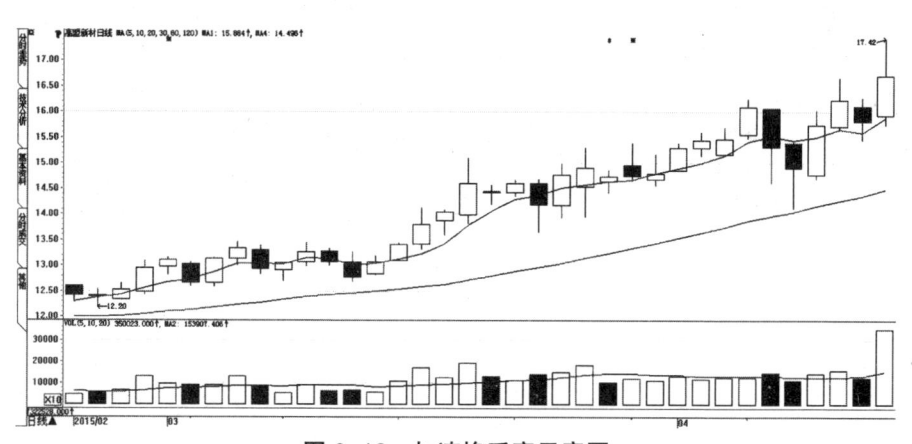

图6-12　加速换手率示意图

（二）观望换手率（图6-13）

若一只股票的日换手率低于1%则为观望换手率，观望换手率的出现，说明该股票的买盘和卖盘都是消极的，市场交易情况非常冷清。

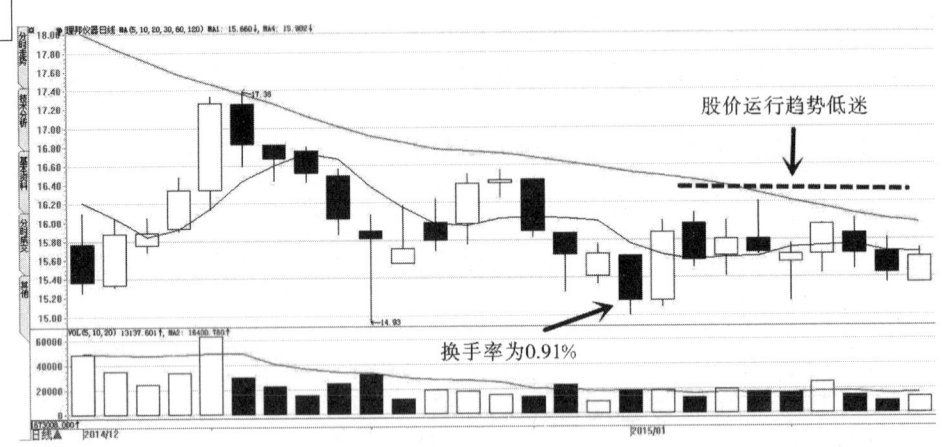

图 6-13 观望换手率示意图

抛开成交量，只凭换手率很难判断出股票未来的趋势是上涨还是下跌。所以新股民朋友在观察到一只股票的换手率不足1%时，不要轻易介入，此时应该选择场外观望。通常情况下，换手率不到1%的情况一般都发生在股票的筑底或者下跌末期阶段，很少会在顶部发生。

（三）高换手率（图6-14）

若一只股票的日换手率达到10%或者更高则为高换手率，高换手率的出现，说明市场交投异常的火爆，该股的人气要么是非常狂热，要么是极度的悲观，往往在两种极端情绪下，股票的行情会发生逆转。

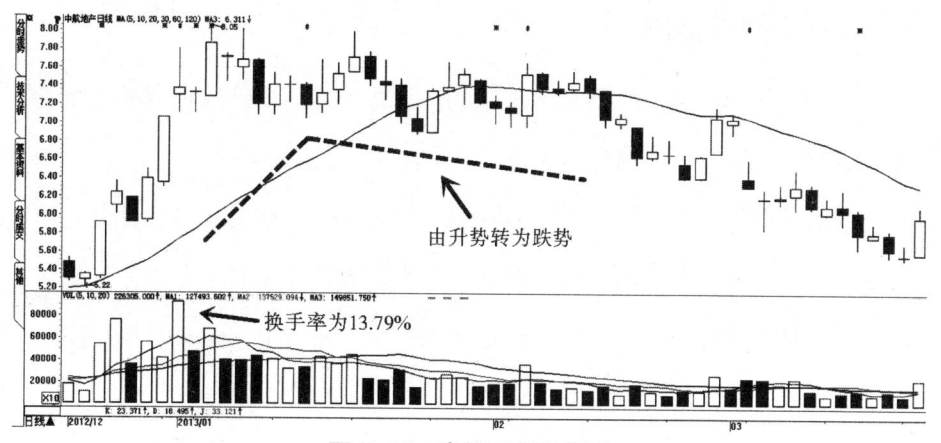

图 6-14　高换手率示意图

当出现高换手率时，新股民朋友首先考虑的应该是高换手率出现的相对位置：若处于低位而出现放量，且为持续了几个交易日的较高换手率，则很有可能是新增资金介入，后市普遍看好；而个股在高位出现了高换手率，且成交量突然放大，一般后市下跌的可能性比较大。投资者应谨慎对待这类股票，一般这类股票出现高换手率时，多伴有利好消息出台，主力会借机套现离场，顺利完成派发。

四、涨停板量能

涨停代表着巨大的利润，但是大多数新股民朋友往往只能看到其中的利益却忽略了涨停背后的风险。他们愿意看到涨停这种走势，却没有对后市的走势做充分地判断。判断涨停后的后市走势，需要借助一个非常重要的指标：成交量。

（一）放量涨停

成交量大幅增加产生的涨停现象叫作放量涨停。出现这种现象意味着被套的股民在依靠涨停脱身，或者是主力在派发出货。

股票出现涨停说明盘中有了获利盘，出现放量说明有相当一部分的筹码变现。单纯从市场来说，若不是大盘异常强势或上市公司基本面发生变化，股价是不会涨停的。没有这些因素的出现，就没有追高买进的理由。因此，这种情况下的股价涨停在一定程度上是由主力在背后的操控。

2014年6月16日，佳讯飞鸿（股票代码：300213）股价出现了放量涨停的现象。此时大盘的走势并不是十分积极，并且也没有相关的利好消息传出，因此，我们可以推断，此次该股的放量涨停多为庄家操控而成（图6-15）。

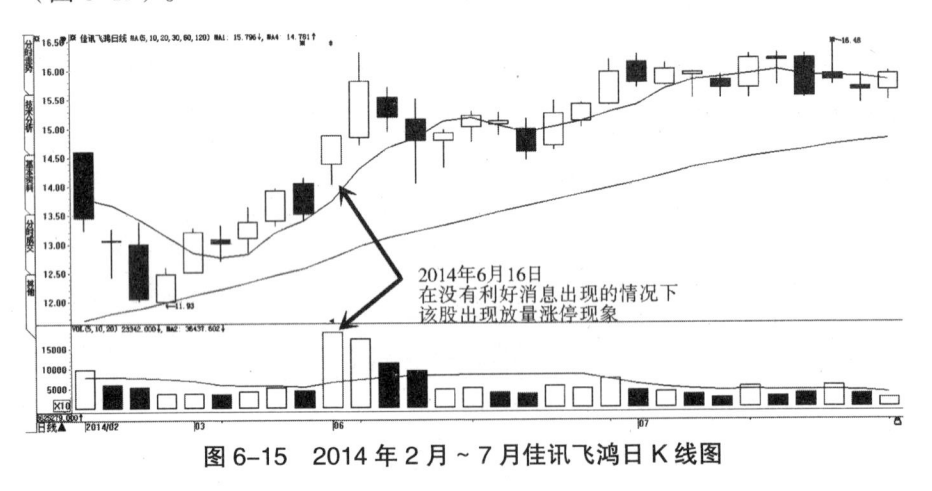

图6-15　2014年2月~7月佳讯飞鸿日K线图

主力的进一步建仓或是出货都可能造成涨停且配合有大量成交量。通过以下两种方法可以帮助新股民朋友作出判断，主力营造的放量涨停是由于二者之中的哪种原因造成的。

（1）比较股价前期的底部和现在涨停后放量时的距离，若距离超过50%，则主力出货概率很大。

（2）放量前股价的走势。若强势上涨到了涨停处，往往主力很难获利出逃，还有可能第二次放量，则此次放量为建仓。

（二）无量涨停

股票价格涨停时，并没有出现大量获利盘的抛售。这是因为得到了利润的新股民朋友看好这只股票的后市，认定其还有一定的上涨空间，继续持有该股票。若该股票的涨停出现在底部，可以认为同时出现了突发的利好消息，最终促使股价大幅上涨或涨停。这时市场上多数股民不舍得卖掉手中的股份，等到股价上升到成交密集区后，出现成交量的配合，股价会随之滞涨。

刚泰控股（股票代码：600687，现简称为：*ST 刚泰）于 2014 年 12 月 15 日发布利好消息，其全资子公司将以 3 亿元收购国鼎黄金 100% 股份。在该利好消息刺激下，刚泰控股股价直接以开盘涨停的姿态出现，并且这种态势一直持续到了收盘，由于众多持股股民不愿放弃这一获利良机，因此导致该股当天的成交量极度萎缩，形成了无量涨停现象（图 6-16）。

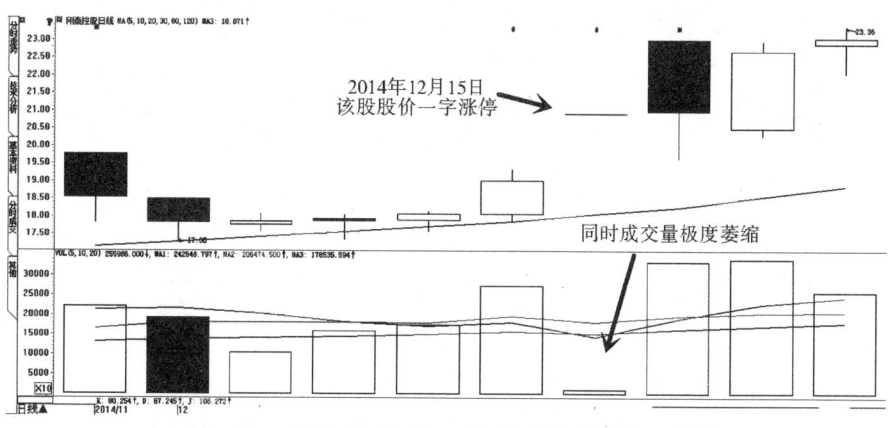

图 6-16　2014 年 11 月~12 月刚泰控股日 K 线图

无量涨停有可能发生在主力强势控股中。主力正在拉升股价，且大盘处于上涨行情时，由于筹码高度集中，就出现了无量涨停的现象。

第七章 ◉ 别让看不懂指标害了你

在股市中能赚到钱的总是少数人,他们是如何跑赢大盘的?一个很重要的原因,便是他们能够熟练使用股市中的各项技术分析指标,掌握了这些指标背后所隐藏的股市动向等信息。如果新股民朋友也能对这些技术指标了如指掌,就相当于走上了炒股赚钱的捷径。

一、如何看均线

移动平均线是股市投资中最常用的一种技术指标。按照时间长短可分为5日均线、10日均线、30日均线、60日均线和120日均线等。在股市投资中最常使用的是5日均线、30日均线和120日均线。其中，5日均线和10日均线叫作短期移动平均线，30日均线和60日均线叫作中期移动平均线，120日均线和240日均线叫作长期移动平均线。

（一）如何看5日均线

所谓的5日均线，就是以5个交易日股票成交价格的平均值绘制成的曲线。5日均线又称多方护盘中枢线。市场资金把股票的价格哄抬到一定高度后，获利盘开始抛出套现，所以投资者可以选择在股价跌破5日均线时离场。而当股价上涨超越5日均线收盘的时候，主力往往会抓住这一信号积极抬高股价，以便吸引更多的资金入场，所以这个时候也是投资者购买该股的合适时机。

荃银高科（股票代码：300087）股价在经过了一轮下跌行情之后，于2015年5月6日向下跌破5日均线，随后开始在底部徘徊，直到11日该股价再度向上突破5日均线后，股价才开始回暖，随后在5日均线的有力支持下持续走高（图7-1）。

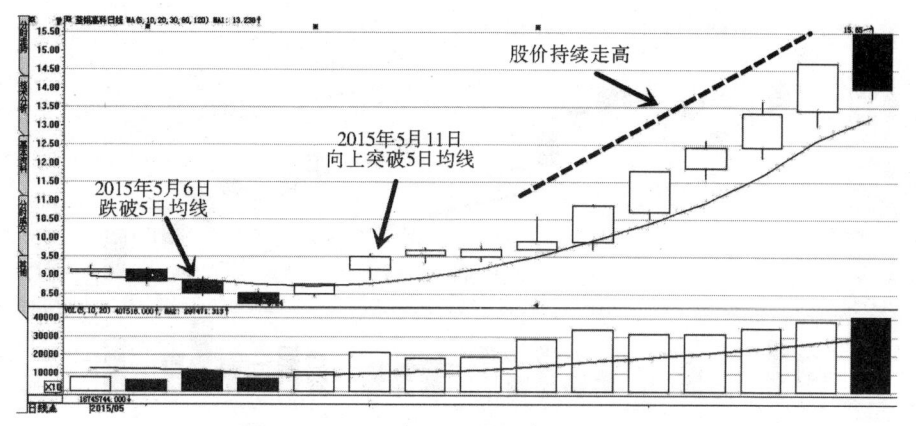

图 7-1　2015 年 5 月荃银高科日 K 线图

（二）如何看30日均线

由于 30 日均线的取值为 30 日交易的平均价，因此 30 日均线又被称作生命线。相较于 5 日均线，由于 30 日均线的周期较长，因此可信度更高一些，一旦确定形成一种趋势后，就不会轻易发生根本改变。

股价突破 30 日均线必然有成交量的配合。而投资者可以利用 30 日均线的这种特性来判断大盘的走势以及买卖的时机。如果股价在上涨的过程中，向上突破 30 日均线但是之后又回落到均线位置，在成交量减少的同时，股价企稳回升，投资者可以将其看作买进信号；若股价下落到 30 日均线之下，走势不好甚至创了新低，预示股价极有可能会进一步下跌，这时的投资者应当理智出局，规避不必要的损失。

富瑞特装（股票代码：300228）股价在经过一段时间的高位横盘后，股价于 2014 年 10 月 16 日向下跌破 30 日均线，并且连续几个交易日都在收阴，如果持有该股的投资者没有选择及时离场，还继续对该股抱有幻想，那么从其后市的走势中就可以看出，这类投资者会面临较大的经济损失（图 7-2）。

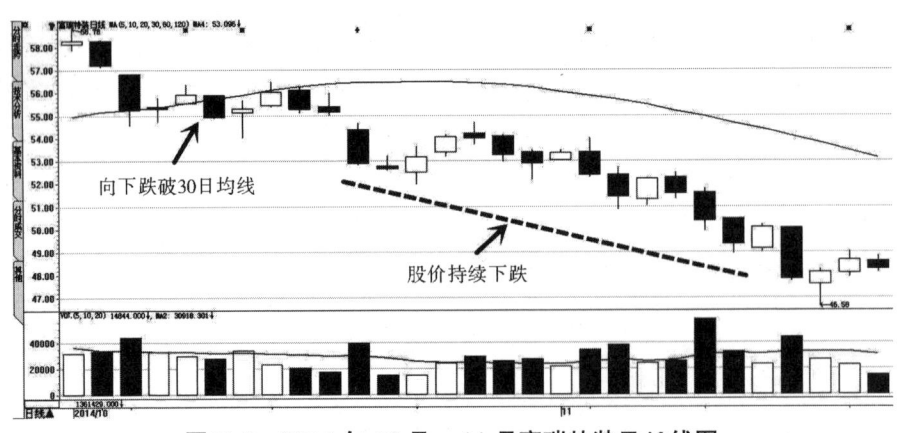

图7-2　2014年10月~11月富瑞特装日K线图

（三）如何看120日均线

和中短期均线相比，120日均线的周期十分漫长，而长周期数据会具有更好的稳定性。按照正常的计算方法，120日均线所统计的平均价格基础数据为将近半年的股价。由于周期长，若主力想要操控这样的均线就需要积攒巨大的力量，才能让股价一举突破120日均线。一般的股民很难长时间在低位持有筹码，因此会选择斩仓离场。这样主力便容易在底部获取筹码，股价后市的上涨能力很强。通常主力会使股价120日均线上运行一段时间后，进行多次洗盘，也就是不断回轴120日均线，而由于很多投资者不够果断，总希望买到底部价，于是就与赚钱机会擦肩而过。

鸿利智汇（股票代码：300219）股价在经过了长时间的底部横向运行后，终于在2015年2月27日成功突破120日均线。由于前期的积累时间比较长，其后市也就具有了持续时间较长的上涨能力。从图7-3中可以看到，该股在突破120日均线后的近3个月的时间里，股价整体走势一直处于不断上涨的态势。如果新股民能够把握这一良机，那么就能获得丰厚的回报。

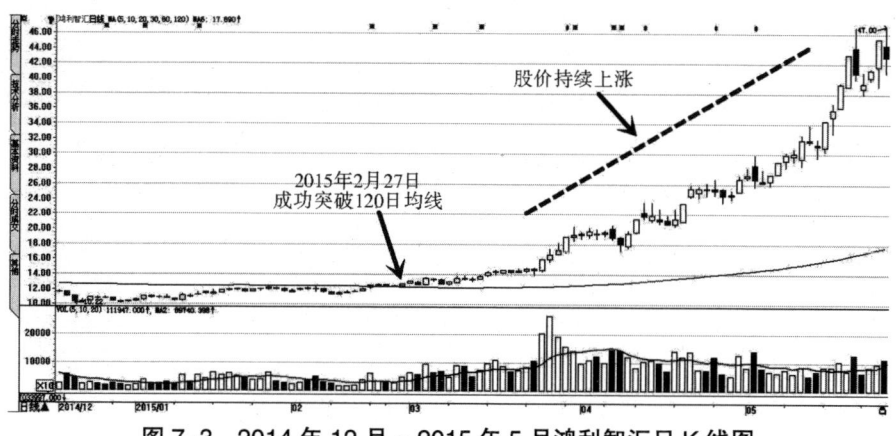

图 7-3　2014 年 12 月～2015 年 5 月鸿利智汇日 K 线图

（四）如何看均线形态

均线有着多种不同的形态，是投资者用来分析股市最常用、最方便的工具。下面为投资者介绍几种重要的均线形态，帮助新股民朋友在实际操作中作出更好的选择。

（1）多头排列。多头排列由三根或三根以上的移动平均线组成，这些均线几乎顺着一个角度缓慢地向上运行。它的排列顺序是长期均线在最下边，中期均线在中间，短期均线在最上边（图 7-4）。

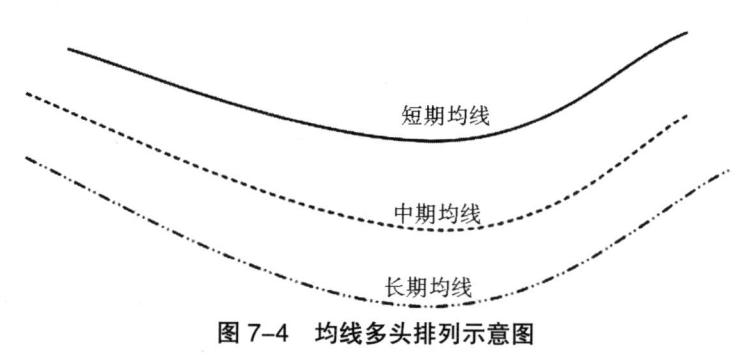

图 7-4　均线多头排列示意图

多头排列的形成说明买方的力量在逐步加强。多头排列形成的初期或中期，可以积极介入，到了后期，投资者需要提高警惕，股市行情有可能会发生反转。

（2）空头排列。空头排列由三根或三根以上的移动平均线组成，这些均线几乎顺着同一个角度缓慢向下运行。排列顺序是长期均线在上方，中期均线在中间，短期均线在下方（图7-5）。

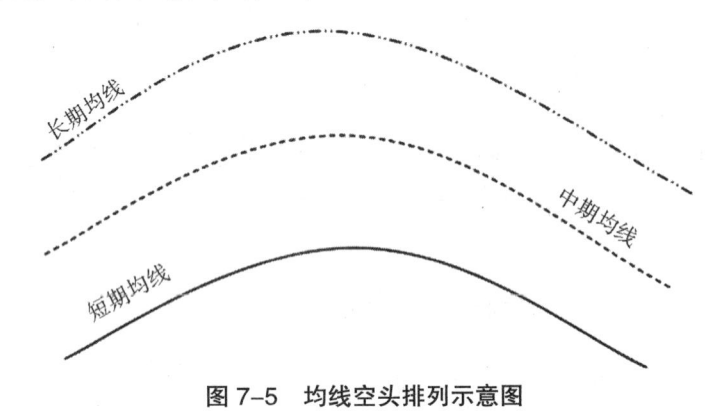

图7-5 均线空头排列示意图

（3）黄金交叉。黄金交叉由两条不同周期的均线组成。周期较短的均线向上穿过周期较长的均线，并且两条均线同向运行，而形成了黄金交叉（图7-6）。

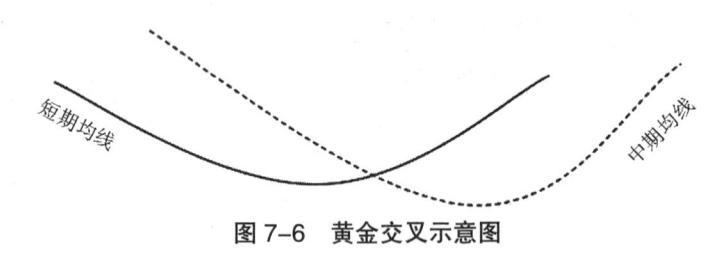

图7-6 黄金交叉示意图

黄金交叉是典型的买入信号，经常出现在股价下跌后的底部或上涨阶段的震荡整理区。值得投资者注意的是，周期长的两根均线比周期短的两根均线发出的买入信号更加可靠。例如，30日均线上穿120日均线发出的买入信号比5日均线上穿了10日均线发出的买入信号更可靠。

（4）组合型黄金交叉。组合型黄金交叉是由黄金交叉衍生出来的一种形态。这种形态由三根均线组成，短期均线上行同时穿过了中期均线和长期均线，中期均线向上穿过了长期均线，长期均线位于最下方，同时出现了三个黄金交叉（图7-7）。

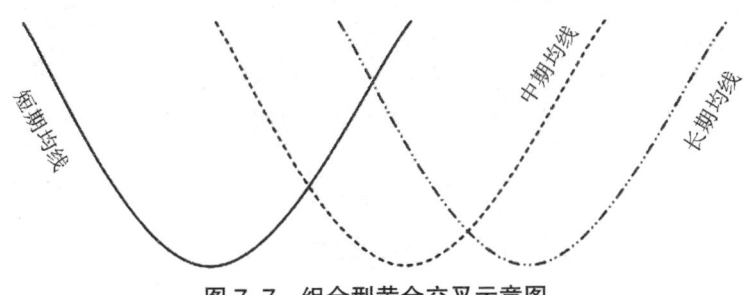

图7-7　组合型黄金交叉示意图

（5）死亡交叉。死亡交叉由两根均线组成，一根周期较短的均线由上向下穿过一根周期较长的均线，并且两根均线同时向下运行（图7-8）。死亡交叉大多出现在上涨后的高位区或阶段性的高位区内。

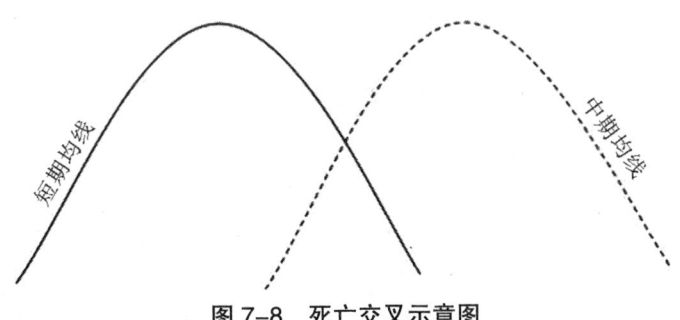

图7-8　死亡交叉示意图

死亡交叉的出现表明下跌行情将要到来，和黄金交叉一样，周期较长的两根均线形成的死亡交叉要比周期较短的两根均线形成的死亡交叉更有说服力。

（6）死亡谷。死亡谷的形状像是一个尖头向下的不规则三角形，是由三根均线交叉组合而成的形态（图7-9）。

图 7-9 死亡谷示意图

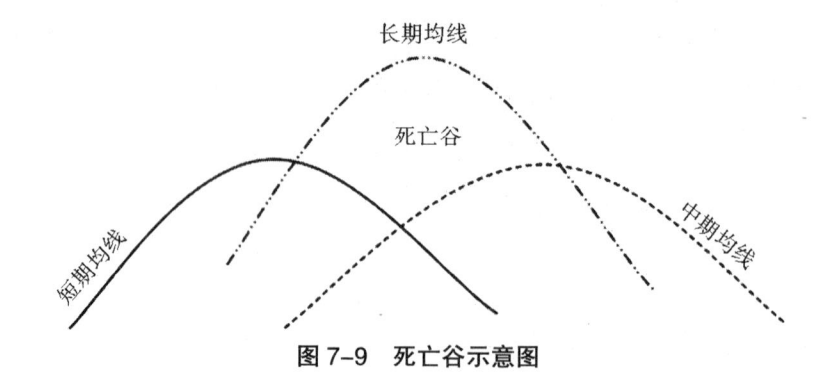

一般来说，死亡谷经常出现在历史涨跌幅比较大，并且处于下跌的股票中。它的出现往往意味着后市很可能会出现巨大的下跌行情。如果新股民朋友在股市中遇到了这样的技术形态，那么最好能够及时卖出手中的持股，特别是在股价已经经历过一段大幅上涨之后出现了死亡谷形态，就更应该果断斩仓离场，避免被套在高位。

二、如何看MACD指标

MACD指标又叫平滑异同移动平均线，它是股市中最为常用的一种技术指标。虽然很多股民听说过它的大名，也经常会使用到它，但是真正能用好MACD指标的股民却是少数，一些根本不懂其实际运用的股民，甚至还会得出与真实情况完全相反的判断。

一般来说，在分析MACD指标时，主要从三个方面加以分析：一是DIFF和DEA的值和位置，二是DIFF和DEA的交叉情况，三是DIFF和DEA的走势形态。

（一）DIFF和DEA的值和位置

下面介绍 DIFF 和 DEA 的值和位置及它们所表示的含义。

（1）DIFF 与 DEA 指标均位于 0 轴之上，且向上运行。通常代表股市处于多头行情中，可以积极买入（图 7-10）。

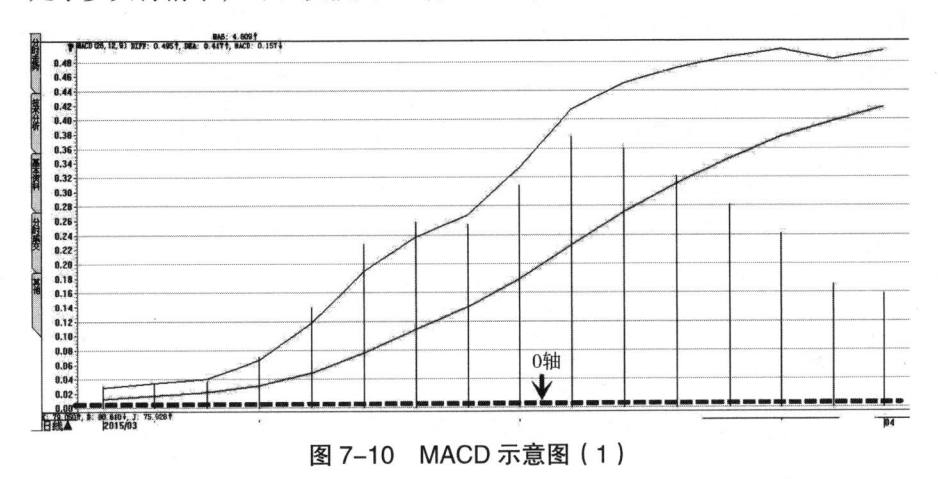

图 7-10　MACD 示意图（1）

（2）DIFF 和 DEA 指标均位于 0 轴之下，且向下运行。通常代表股市处于空头行情中，可以选择卖出（图 7-11）。

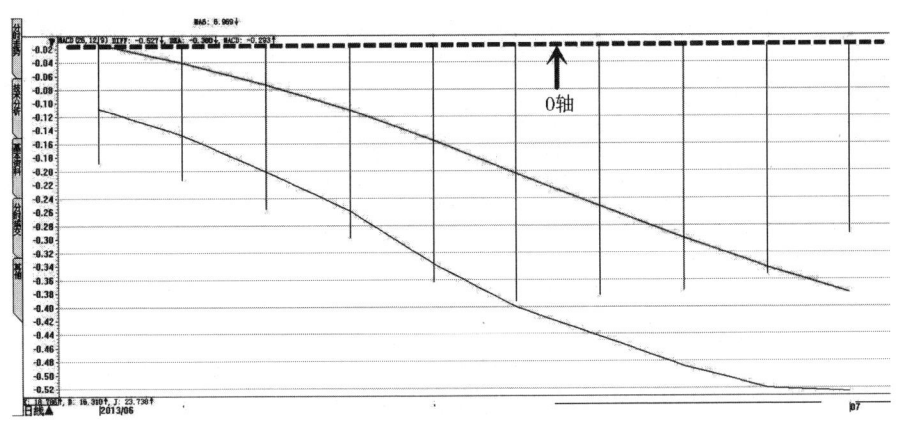

图 7-11　MACD 示意图（2）

（3）DIFF 和 DEA 均位于 0 轴之上，且同时向下运行。通常代表股市行情由强转弱，可以选择卖出股票（图 7-12）。

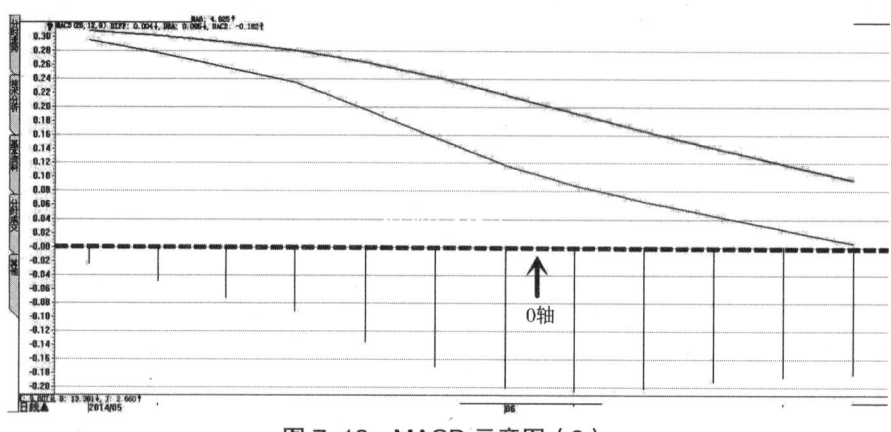

图 7-12　MACD 示意图（3）

（4）DIFF 和 DEA 指标均位于 0 轴之下，且同时向上运行。通常代表股价将要走高，可以积极买入（图 7-13）。

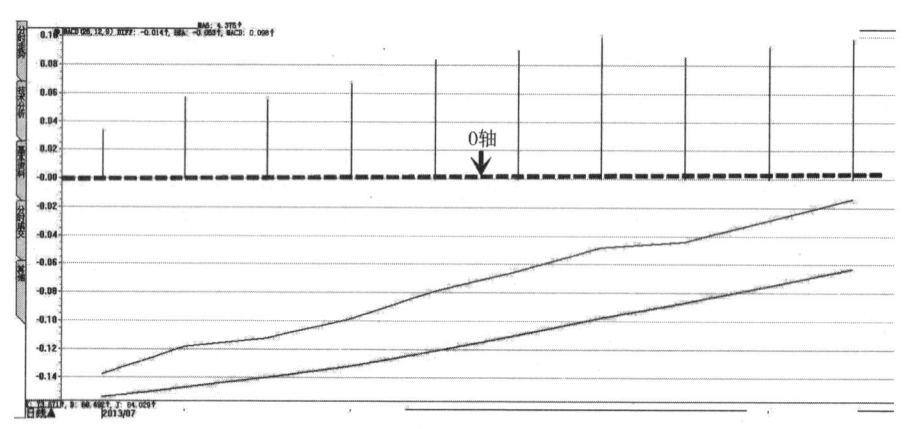

图 7-13　MACD 示意图（4）

（二）DIFF和DEA的交叉情况

DIFF 和 DEA 的交叉情况也分为四种：

（1）DIFF 和 DEA 指标都位于 0 轴之上，并且 DIFF 上行穿过 DEA。

这种形态叫作"金叉"，表示股市处于强势上涨行情，可以看作强烈的买入信号（图7-14）。

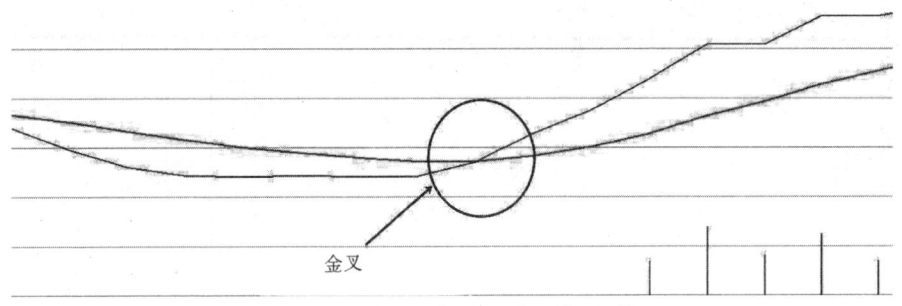

图 7-14　MACD 指标"金叉"示意图

（2）DIFF 和 DEA 指标均位于 0 轴以下，并且 DIFF 向上突破 DEA。这种形态也属于"金叉"的一种。表示股市将由弱转强，即将开始上涨，投资者可以买进（图7-15）。

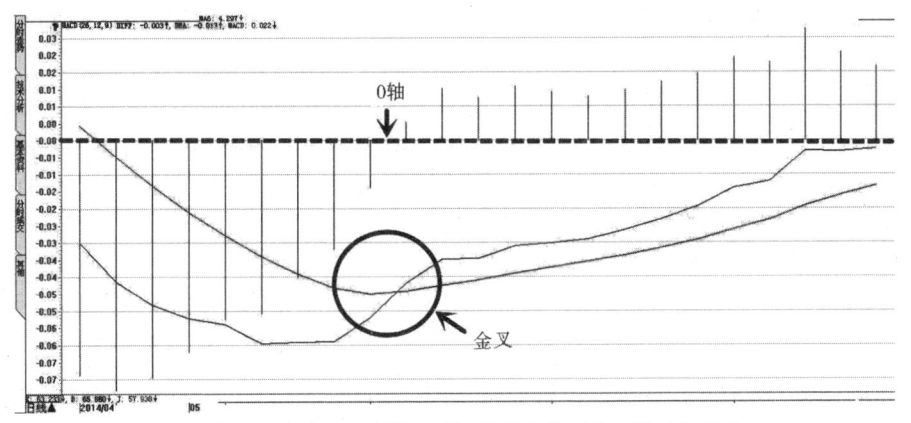

图 7-15　MACD 指标 0 轴以下形成"金叉"示意图

（3）DIFF 和 DEA 均处于 0 轴以上，并且 DIFF 向下穿过 DEA。说明股市行情将要由强变弱，股价将要大幅下跌，这可以看作卖出信号，这种形态也被称为死叉（图7-16）。

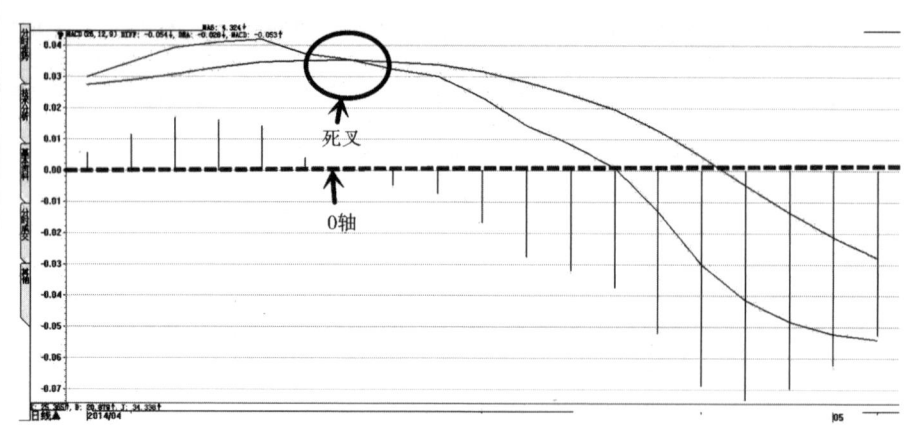

图 7-16　MACD 指标死叉示意图

（4）DIFF 和 DEA 均处于 0 轴以下，并且 DIFF 向下穿过 DEA。说明股市将要再次转入极度弱市中去，股价继续下跌，投资者最好选择及时卖出持股。这种形态是死叉的一种变形体（图 7-17）。

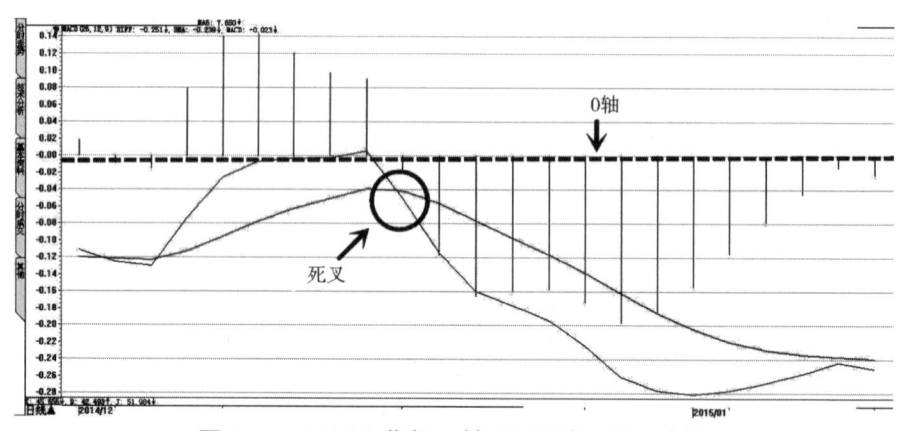

图 7-17　MACD 指标 0 轴以下形成死叉示意图

（三）DIFF 和 DEA 的走势形态

在实际操作中，MACD 不同的形态都具有参考价值。DIFF 和 DEA 不同的走势形态也有着不同的含义。

（1）拒绝死叉。DIFF 线与 DEA 即将交叉，DIFF 却突然改变运行方向，致使形成死叉失败,这种走势称作拒绝死叉。拒绝死叉意味着股价上涨,投资者可以选择积极买进(图7-18)。

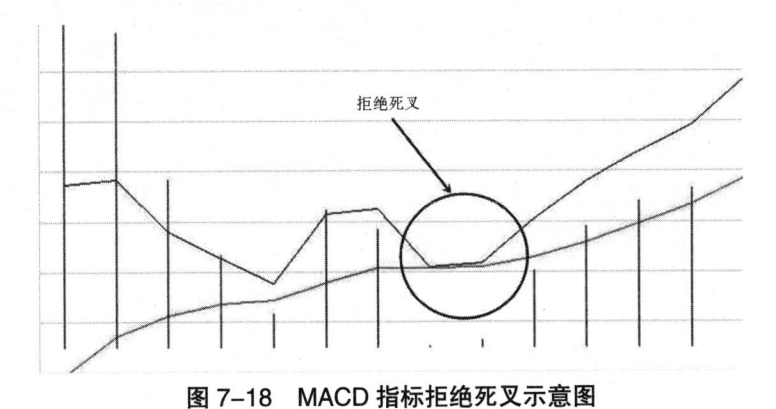

图 7-18　MACD 指标拒绝死叉示意图

(2)拒绝金叉。DIFF指标由下向上即将穿过DEA指标时,但并未实际穿过DEA,反而向下运行便形成了拒绝金叉形态。通常拒绝金叉意味着股价大跌,投资者在遇到这种形态时,最好选择离场观望(图7-19)。

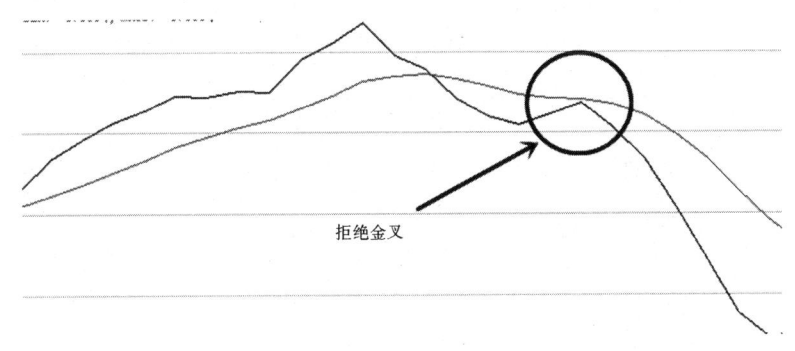

图 7-19　MACD 指标拒绝金叉示意图

(3)空中加油。DIFF 与 DEA 形成金叉后会形成向上的趋势,运行一段时间后,有穿过 0 轴的可能,随后 DIFF 又开始缓慢下降并穿过 DEA 形成死叉,之后 DIFF 又开始向上运行,穿过 DEA 线,再次形成金叉,最终完成形态就叫作空中加油。空中加油的出现往往预示着看好后市,投资者可以选择买入(图 7-20)。

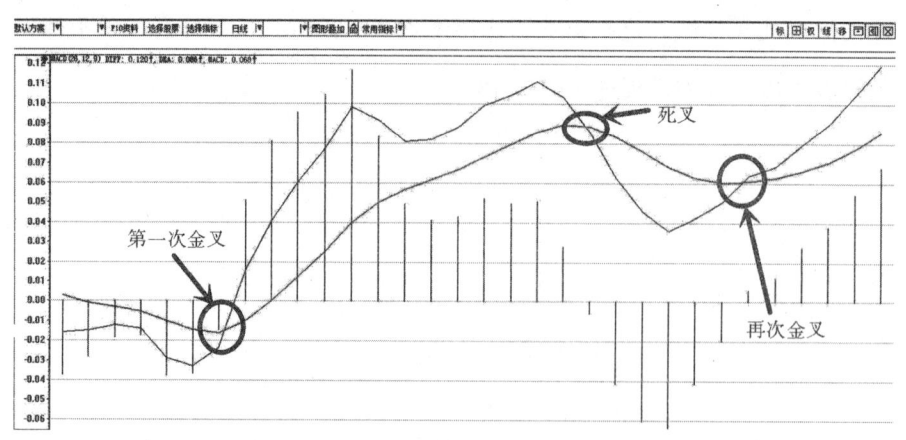

图 7-20 MACD 指标空中加油示意图

三、如何看KDJ指标

KDJ指标又称随机指标，是股票市场中最常见的分析工具之一，在股票的中短期趋势分析中，有着方便、直观、快捷的优点。KDJ指标依据股票的最高价、最低价与收盘价进行计算，得出K、D、J三个值，形成的曲线图用于判断股市的走向。

（一）KDJ指标应用方法

KDJ指标中K值、D值和J值在坐标上形成一个点，当无数个这样的点连接起来，便会形成一个完整的能够准确反映价格波动趋势的技术指标。投资者要想熟练运用KDJ指标需要牢记各个值代表的含义，见表7-1。

表 7-1 K、D、J值取值范围及其代表意义

指标名称	取值范围		代表意义	
K	大于80	小于20	超买	超卖

续表

指标名称	取值范围		代表意义	
D	大于 80	小于 20	超买	超卖
J	大于 100	小于 10	超买	超卖

真正具有参考价值的 KDJ 指标有一个使用条件，*K* 值和 *D* 值必须在 70 以上或 30 以下。而且 KDJ 指标并不是万能的，它并不适用于小盘股。

下面总结了运用 KDJ 指标时应该掌握的技巧，希望可以为投资者进行股市投资时起到帮助：

（1）*D* 值低于 15 可以看作买入信号，高于 80 看作卖出信号。

（2）*K* 值大于 *D* 值，股票正处于上涨势态，K 线图中表现为 K 线向上穿过 D 线，此时可以看作买入信号。

（3）*K* 值小于 *D* 值时，股票正处于下跌势态，K 线图中表现为 K 线向下穿过 D 线，此时可以看作卖出信号。

（4）KDJ 指标图中，D 线的运行速度最慢，敏感度也最低；其次是 K 线，运行速度最快也最敏感的是 J 线。

（5）若 KD 两线反复在 50 左右震荡，表示行情正在整理，此时需要结合 *J* 值，观察 KD 两指标偏离的动态，进而决定下一步的投资行动。

（二）KDJ 钝化

KDJ 指标图形中，在 80 或者 20 附近横向发展并且反复形成金叉、死叉，这种形态被称作 KDJ 的钝化现象。当 KDJ 指标徘徊在 20 附近时，空方力量不足，表面上看指标很低、很安全，实际上股价非常容易形成持续下跌的态势。KDJ 指标运用的精髓就在于把握它的钝化现象。

2014 年 12 月 19 日起，西部资源（股票代码：600139）股价开始以连续收阴的方式大幅下跌，由于跌幅过大，该股 KDJ 指标发生了钝化现象，在18附近运行。从图7-21中可以看到，由于其KDJ指标发生了钝化现象，因此在股价发生变化的时候，KDJ指标依旧平稳运行。

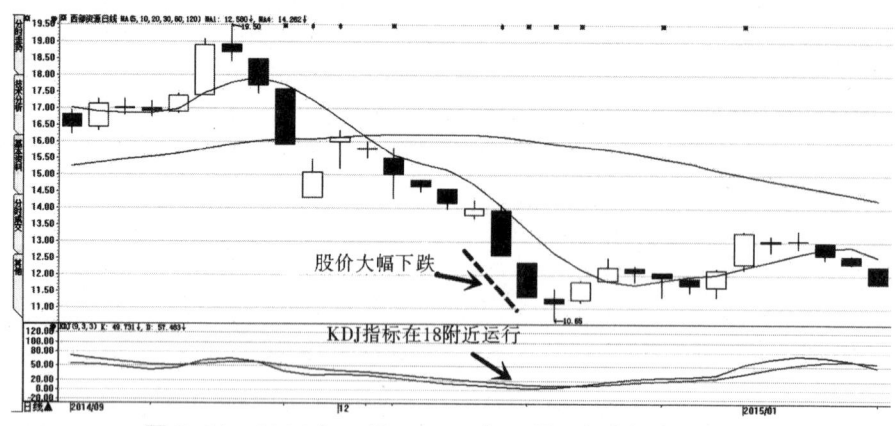

图7-21　2014年9月~2015年1月西部资源日K线图

当KDJ指标在80附近时，也会出现钝化的现象。2015年1月中旬宝硕股份❶（股票代码：600155）股价开始大幅上涨，但是由于股价涨幅较大，其KDJ指标在股价上涨的同时于80以上的位置趋于横向运行。KDJ指标在发生钝化的时候并没有及时地体现出股价的运行趋势（图7-22）。

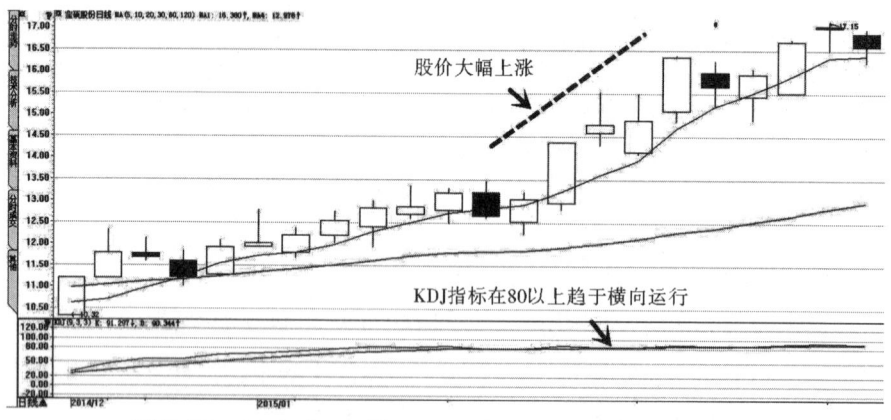

图7-22　2014年12月~2015年1月宝硕股份日K线图

---

❶ 宝硕股份于2018年更名为华创阳安。

四、如何看BBI指标

BBI指标又称多空指标。很多投资者都只是听说过BBI指标，而在股市投资时真正运用这一指标的投资者只占少数。BBI指数是用来判断市场处于多头市场还是空头市场的技术指标，利用BBI指标可以帮助投资者决定买入或是卖出。

很多股民喜欢用移动平均线来判断市场行情，将参数设置成不同周期来观察多空转换的痕迹。但这种方法的缺点是不能有效解决不同周期的移动平均线间协调问题。而BBI指标正好弥补了这一缺点，它综合了多个移动平均线的数值后，将这些数据进行平均处理，使得到的数值更加准确和客观。

因此，BBI指标是一种适用于中长期，效果较好的技术指标。

（一）股价处于BBI指标线的下方

若股价下跌到BBI指标参考线下方，意味着这只股票已经进入空头市场当中。

保税科技（股票代码：600794）股价于2015年4月16日跌破BBI指

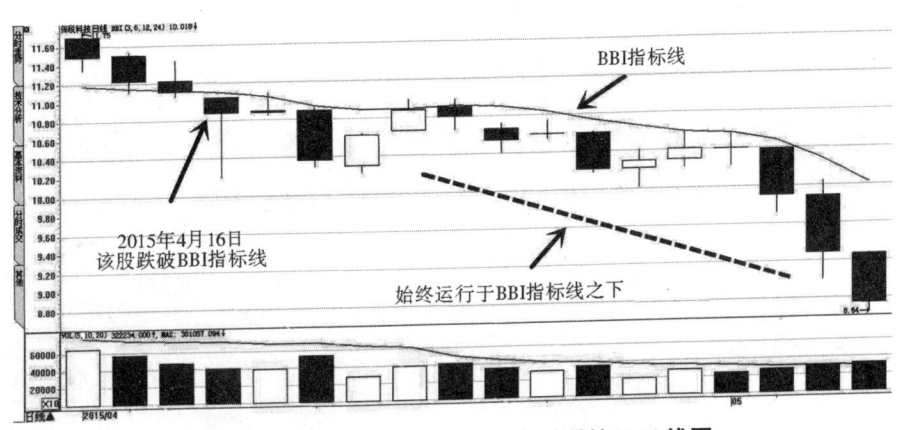

图7-23　2015年4月~5月宝税科技日K线图

标线，这说明此时空方力量比较占优。从图7-23中可以看出，当该股中的多方发力促使股价向上突破的时候，BBI指标线成了非常明显的阻力线，屡次突破失败，多方的力量在不断被消耗。当多方力量消耗殆尽的时候，该股股价也从紧贴BBI指标线运行变成大幅下跌。

BBI指标有着判断多空的特性，对于一些具有较好成长性的股票有特别的指导意义，股民熟练地掌握BBI指标可以更容易地在股市中获取利益。

在多空双方经过激烈的角逐后，2015年3月3日轻纺城（股票代码：600790）股价由于受到了强力支撑，并没有跌破BBI指标线，而是停留在其边界上。多空双方在经过一个交易日的厮杀后，多方最终获得胜利，该股也于2015年3月5日成功踩稳BBI指标线，随后其股价开始大幅上涨（图7-24）。

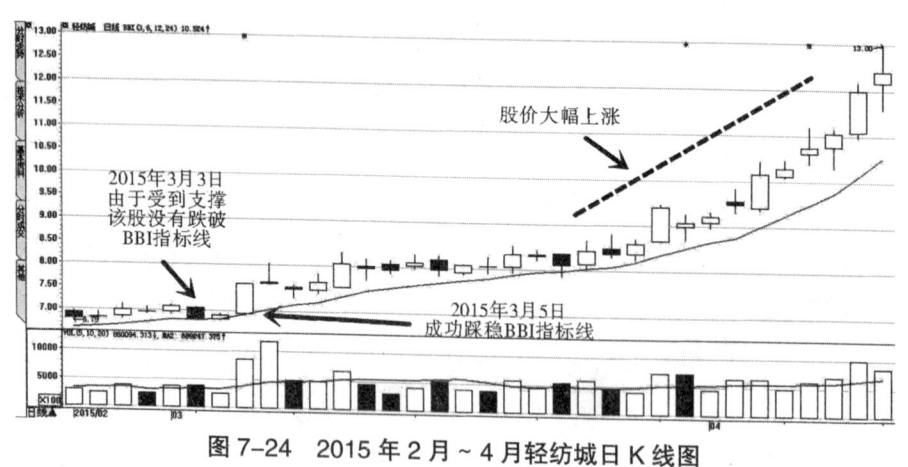

图7-24　2015年2月~4月轻纺城日K线图

（二）股价处于BBI指标线的上方

BBI指标是利用股票价格和它自身的参考线进行对比，股价站在BBI指标线的上方时，说明这只股票正处于多头市场中。

2015年3月~4月，由于多方的力量比较强大，因此常山药业（股票代码：300255）的股价始终运行在BBI指标线之上，也就是说，此时为多头市场。新股民朋友如果遇到这样的情况，在恰当的时机介入该股，就能极大地扩展自己的获利空间（图7-25）。

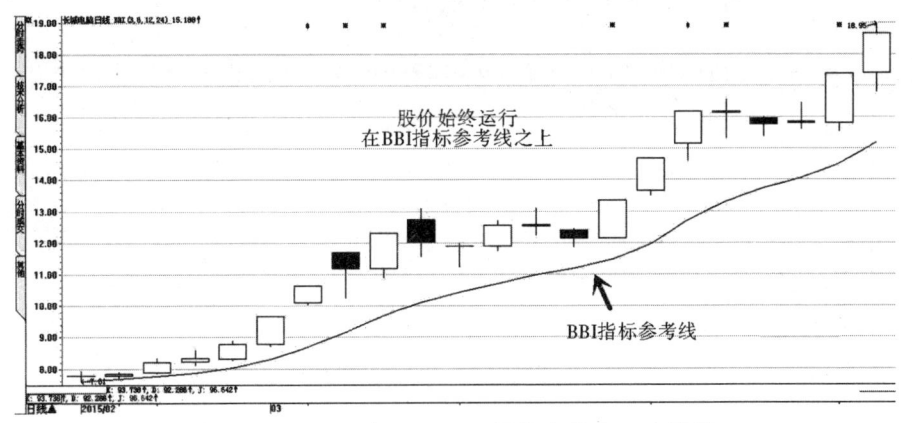

图7-25　2015年3月~4月常山药业日K线图

五、如何看威廉指标

威廉指标（W&R）是通过分析一段时间内股票最高价、最低价、收盘价之间的关系来判断市场处于超买状态还是超卖状态的一种技术指标，也可以用来比较多空双方的力量。

威廉指标可分为10分钟、15分钟、日、周、月、年等周期。各周期的研判方法有所不同，但其基本原理是相似的。

计算威廉指标前，要先选取计算参数。参数一般选用一个买卖循环周期的一半。通常选用的买卖循环周期是8日、14日、28日或56日等，减掉每周两天休市，实际交易是6日、10日、20日或40日等，取一半是3日、

5日、10日或20日等。实际股市操作中，通常选择6日和10日作为威廉指标的周期参数。

不同的威廉指标显示了不同的市场状态。

（一）短期威廉指标小于中期威廉指标

短期威廉指标小于中期威廉指标，说明市场属于空头市场（图7-26）。

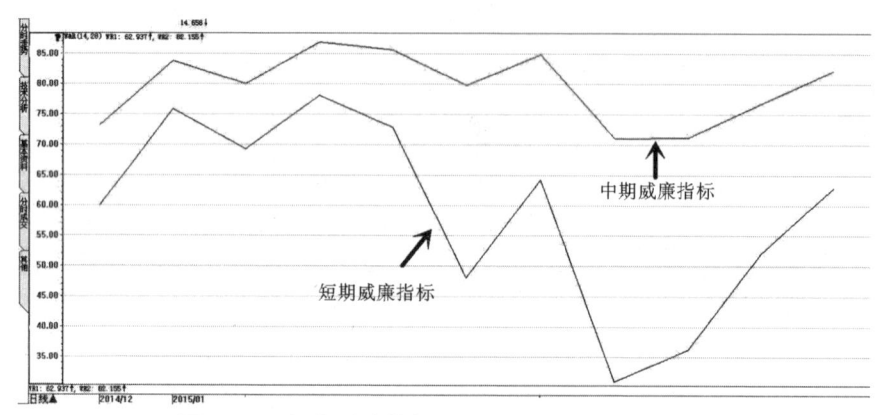

图7-26　短期威廉指标小于中期威廉指标示意图

（二）短期威廉指标大于中期威廉指标

短期的威廉指标大于中期威廉指标，说明市场属于多头市场（图7-27）。

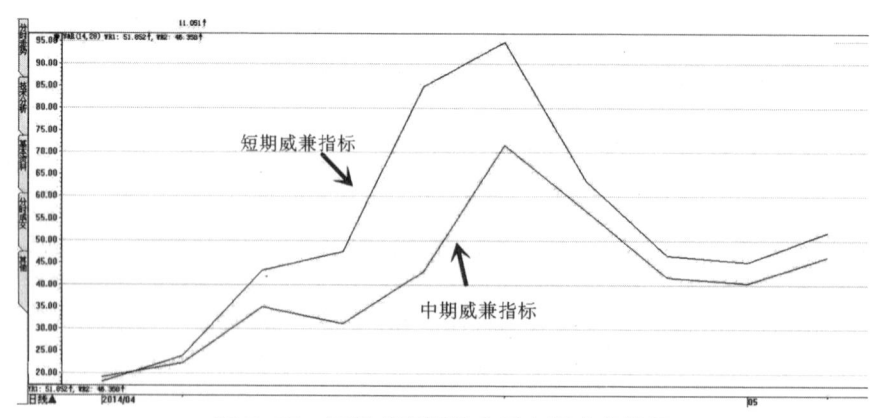

图7-27　短期威廉指标大于中期威廉指标

（三）短期威廉指标在高位向下穿过中期威廉指标

短期威廉指标在高位向下穿过中期威廉指标，称为死亡交叉，可以看作卖出信号。出现死亡交叉后，两指标同时下行，表示股价还会持续下跌（图7-28）。

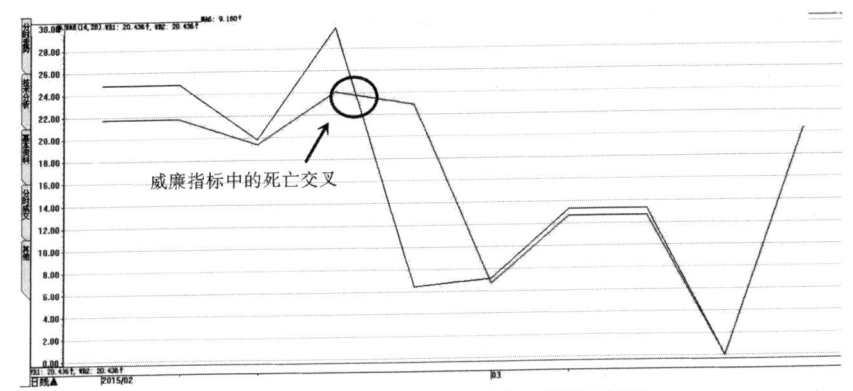

图7-28 威廉指标中的死亡交叉示意图

（四）短期威廉指标在低位向上穿过中期威廉指标

短期威廉指标在低位向上穿过中期威廉指标，称为黄金交叉，可以看作买入信号。出现黄金交叉后，两指标同时上行，表示股票还将继续上涨（图7-29）。

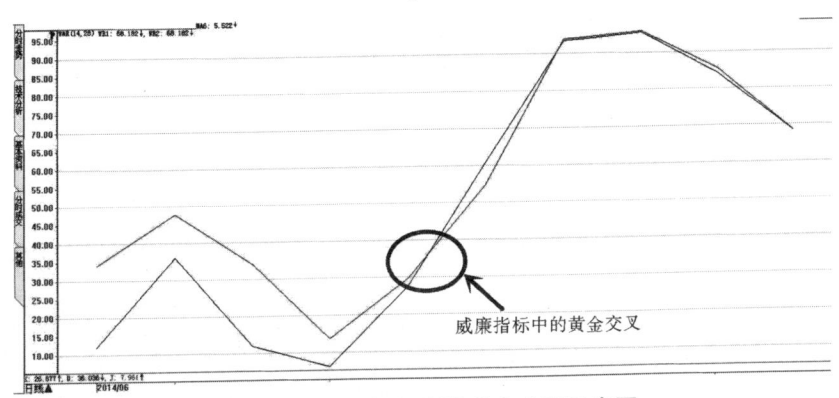

图7-29 威廉指标中的黄金交叉示意图

（五）使用威廉指标的注意事项

（1）威廉指标更适用于短线投资。

（2）威廉指标适用于整体形势的判断。

（3）不同周期的威廉指标发出了同样的信号，是强烈的买卖标识。

（4）威廉指标较敏感，使用威廉指标时要注意超买区和超卖区的钝化现象。

六、如何看ADL指标

腾落指标（即ADL指标）是大势型指标的一种。所谓大势型指标是针对整个证券交易市场中的多空力量进行描述的指标，它的研究对象是证券交易市场整体行情，而不是针对个股。

具体地说，ADL指标是每日市场中所有上市交易的股票里上涨股票数量减去下跌股票数量的余额累计。即第一天上涨股票数量减去第一天下跌股票数量作为第一天的ADL值，将第二日上涨的股票数量减去下跌股票数量作为第二天的ADL值，再加上前一日的ADL值，以此类推第三天、第四天的ADL值等将这些数据整合起来就形成了整体的ADL指标。

ADL指标的计算方法非常简单，但也可以从中获取一些有用的信息。最直观地是根据每日上涨和下跌的股票数量判断股市的活跃程度，是火爆还是低迷。

使用ADL指标的目的是辅助股市大势指数分析股市行情。它和股市大势指数非常相似，都是反映大势的动向和趋势，而不对个股的波动提供指示。由于股市大势指数在某些情况下会受到部分指标股的影响，尤其是暴涨或者暴跌的时候指标股对股市大势指数的影响很大，对新股民进行投资判断造成很大的困扰。所以，为了确保新股民朋友能够作出正确的判断并弥补股市大势指数失真这一缺陷，就有了ADL指标这一对股市大势指数进行辅助分析的技术工具（图7-30）。

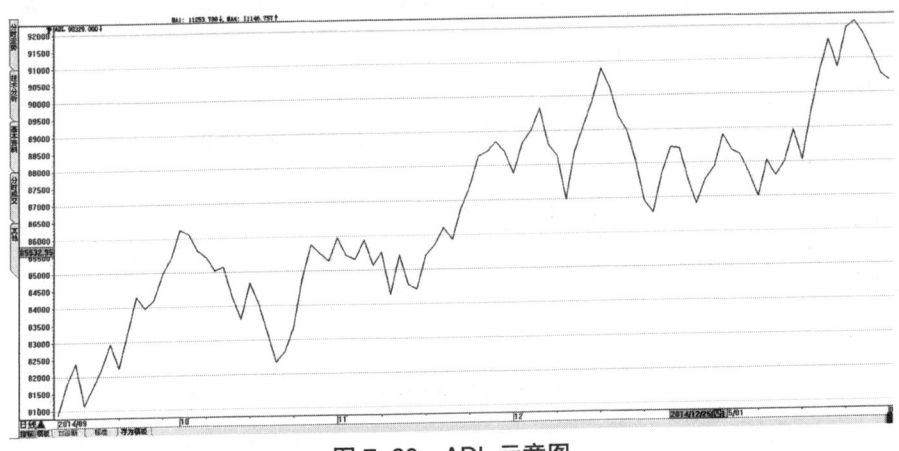

图 7-30 ADL 示意图

接下来将为大家介绍ADL指标的变化趋势及几种特殊的分析方法。

（一）ADL指标的变化趋势

一般情况下，ADL指标是跟随股价指数变化而变化的。股价指数上涨，ADL指标上涨；股价指数下跌，ADL指标也随之下跌。

2015年2月9日上证指数最低点位是3049.11点，随后股指开始上涨，截至2015年5月28日上证指数最高点位已经攀升至4986.50点。在这段时间里，ADL指标一直随着上证指数的上升而上升，两者走向趋势一致（图7-31）。

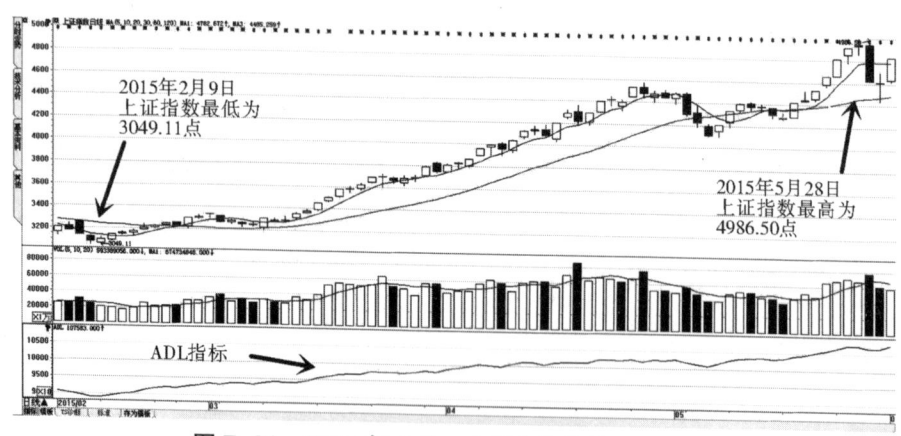

图 7-31　2015 年 2 月~6 月上证指数日 K 线图

另一种情况是受到某些因素影响导致股价指数的不正常变化，ADL 指标横向移动或向相反方向移动，说明股市大势方向不明朗，不适合入场投资。

在 2014 年 4 月中旬至 5 月初这段时间里，深证成指呈现下跌态势，在这段时间里 ADL 指标却反向而行，呈逐步上涨态势，这说明后市的行情充满了不确定性。此时，新股民朋友应该保持谨慎，尽量选择场外观望，不要盲目入场投资（图 7-32）。

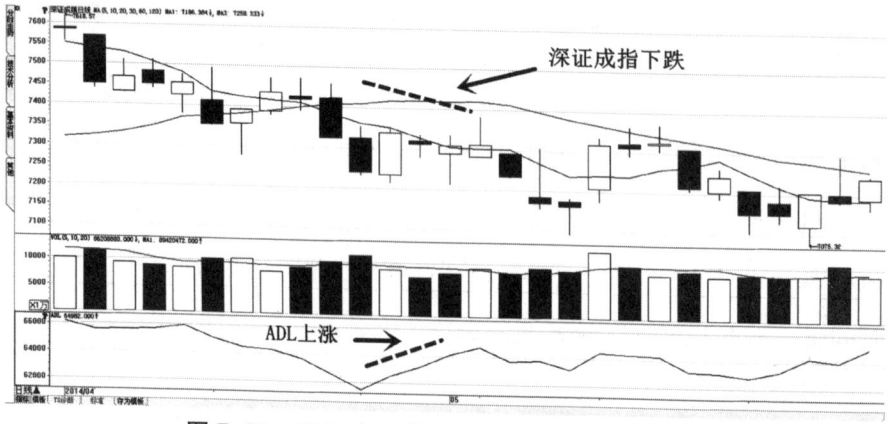

图 7-32　2014 年 4 月~5 月深证成指日 K 线图

（二）ADL指标顶背离

在多头市场里，主力为了维持市场的上升趋势，拉高股价便于自己出货，会操控指标股的股价保持上涨状态，从而影响股指的走向趋势。股指上涨初期，股价大势指数快速上升。经过一段时间的上涨后，当股市大势趋势仍在缓慢地上涨，形成一峰比一峰好的态势时，ADL指标却出现顶部横向移动甚至出现一底比一底低的背离情况，这就是所谓的顶背离。顶背离通常意味着上升趋势即将进入尾声，后市出现下跌行情的概率很大（图7-33）。

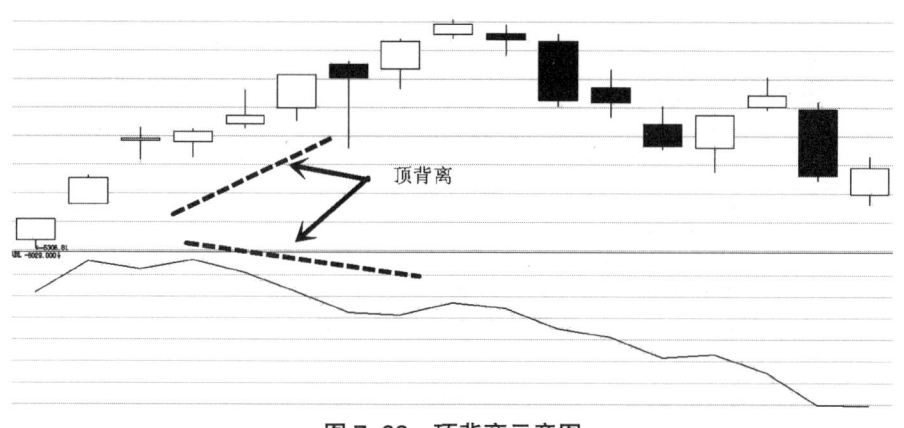

图7-33 顶背离示意图

顶背离有如下两个特征：

（1）经历过一段时间的大幅上涨后，再稳定上涨。

（2）ADL指标不随股价大势指标变动，横向移动或下跌。

（三）ADL指标底背离

空头市场中，为了能在底部顺利吸筹，主力会通过控制一些指标股的走势延长市场的下跌行情，逼迫股民抛出手中持有的筹码。股票下跌初期，大部分股民争相抛出手中筹码，股价快速下跌。当这种行情走势持续一段时间后，股指会在底部盘稳。此时主力为了获取中长线股民手中的筹码，会操纵指标股下跌，延长下跌趋势，致使中长期股民也抛出手中筹码，而庄家则在底部照单全收。此时股指再创新低，ADL指标低位平走甚至开始转势向上运行，这种现象就叫ADL指标底背离现象。底背离的出现说明下跌趋势快要结束，大盘很可能止跌回升（图7-34）。

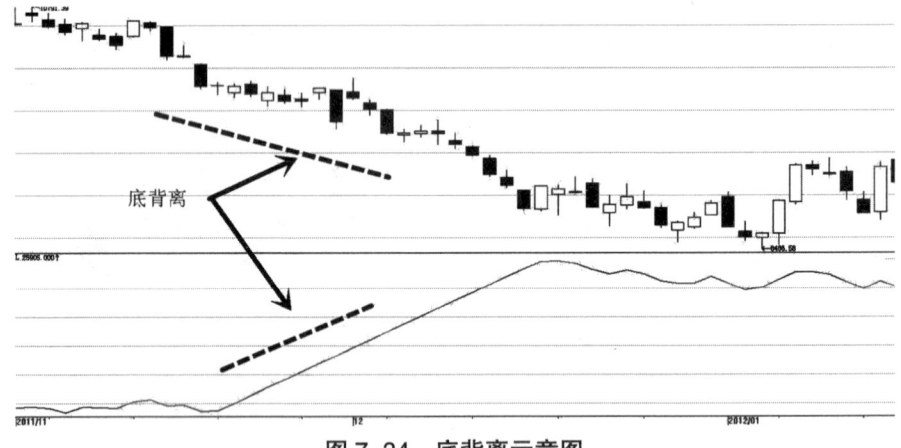

图7-34 底背离示意图

底背离的特点如下：

（1）经历过一段时间的大幅下跌后，再平缓下跌。

（2）ADL指标不随股价大势指标变动，横向移动或者上升。

2011年8月至2012年1月期间，深证成指指数始终处于下跌趋势。2011年8月25日深证成指最高点数是11605.07点，而到了2012年1月6日，深证成指最低点数已经下降至8486.58点。在这段时间里，虽然股指在不断下跌，但是其ADL指标却始终保持上涨趋势，两者形成了底背离现象。随后没多久，深证成指便开始止跌回升（图7-35）。

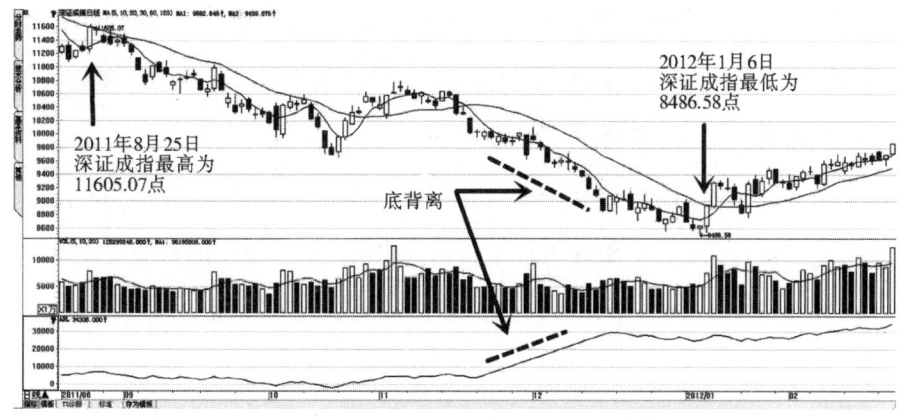

图 7-35　2011 年 8 月~2012 年 2 月深证成指日 K 线图

（四）ADL 曲线形态

ADL 曲线的各种形态是判断行情走势、策划买卖时机的一种分析手段。本小节具体为投资者介绍以下两点：

（1）一段上升行情处于高位的时候，ADL 曲线出现双顶、圆顶等顶部反转形态，可能意味着股市行情反转，新股民朋友应抓住时机卖出手中持股。

2013 年 5 月中旬至 6 月，上证指数持续在高位横向波动，此时其 ADL 指标却逐渐构筑出了"头肩顶"这种见顶形态。当 ADL 指标彻底形成"头

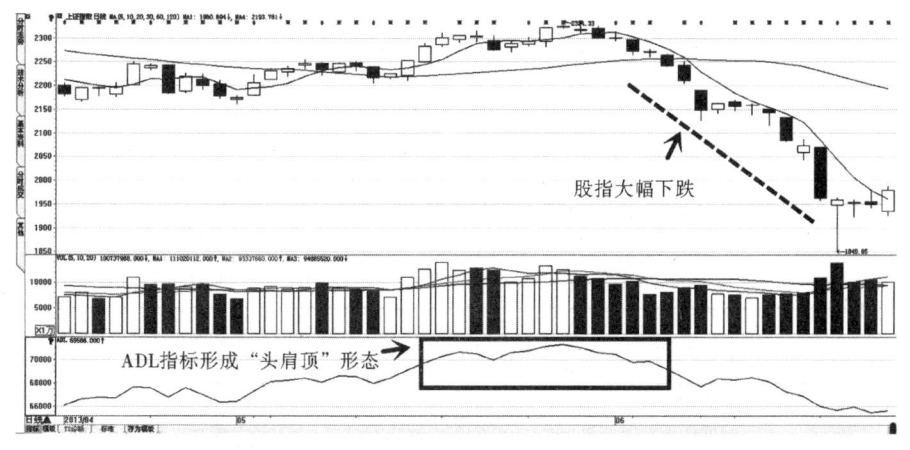

图 7-36　2013 年 4 月~6 月上证指数日 K 线图

肩顶"形态后，股指便开始大幅下跌，受其影响，股市中的大部分个股也进入一个下跌通道中。如果股民朋友没有及时卖出手中的持股，就很可能会受到影响，给自己带来损失（图7-36）。

（2）一段下跌行情处于低位的时候，ADL曲线出现双底、圆底、V底等底部反转信号时，意味着股市行情很可能反转，股民朋友应买入股票。

2014年6月初至中旬这段时间里，深证成指的ADL指标形成了"V底"形态，在该形态的推动下，股指也停止了下跌趋势，在底部企稳回升。如果股民此时能够择机买进股票，就有很大的可能获得丰厚的回报（图7-37）。

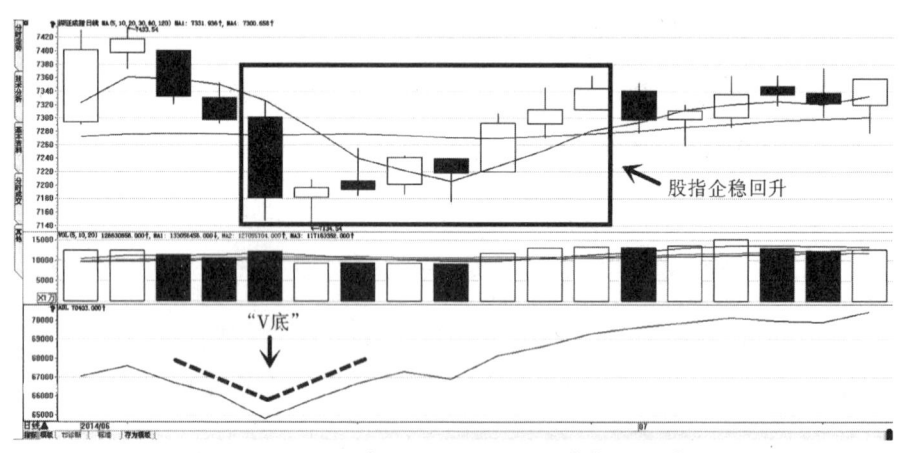

图7-37　2014年6月～7月深证成指日K线图

（五）ADL指标的作用

作为投资者应当掌握的大型指标之一，ADL指标是为了弥补股市大势指数而存在的，能够给投资者提供买入和卖出的信号，但不对个股的波动预测产生作用。正常情况下，股市大势指数和ADL指标趋势一致，对于股市大势指数起到确认的作用。

七、如何看ADR指标

涨跌比率指标（即 ADR 指标）又称上升下降比指标，是指在一段时间内所有上市交易的股票中的上升股票数量和下降股票数量的比值。通过 ADR 指标还可以推断市场上的多空双方的变化，新股民朋友可以借助它对市场趋势作出正确的判断。

ADR 指标也是一种大势型指标，它集中了股市中个股的涨跌情况，主要针对大盘整体走势进行分析，而不是反映某一只股票的具体涨跌形势。ADR 指标与 ADL 指标之间也有着一定的联系，比方说都是通过上升和下降股票的数量进行计算。

ADR 指标是针对整个股市的涨跌程度、是否形成超买超卖现象的指导性指标，它可以指引股民朋友进行理性投资。股市的最大特点就是自由买卖，有时候股民会盲目地买卖股票，导致股价涨跌幅度变大，还没进场的股民就找不到合适的买卖方向，而 ADR 指标的出现可以很好地解决这一问题，随时提醒股民朋友进行理性投资（图 7-38）。

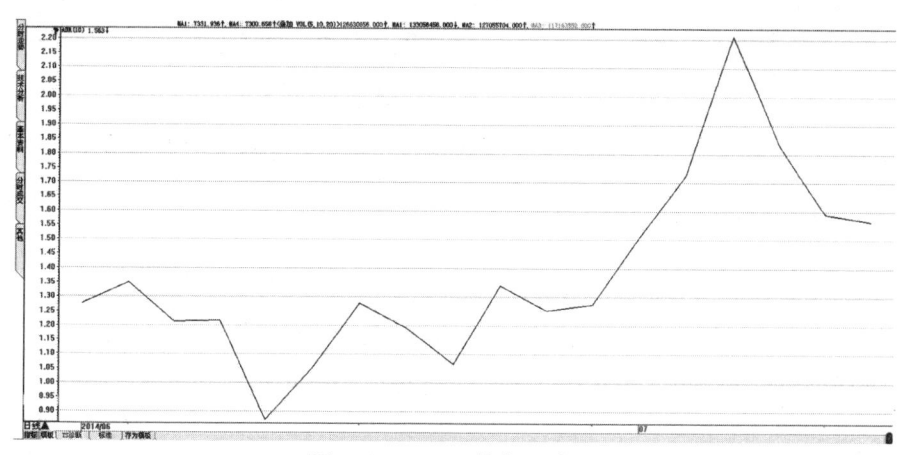

图 7-38　ADR 指标示意图

（一）ADR指标运行原理

ADR指标的构成基础是"钟摆原理"，即上升股票的数量过大，下跌可能性就越大。如同钟表摆动时候，一方的力量过大，相反方向运动的摆动力量增强，反之亦然。ADR指标之所以能衡量多空双方的变换、判断股票市场未来的整体走势，所依据的就是一段时间内的整个股市中上升和下降的股票数量比率。

ADR指标的判断标准取决于ADR数值的取值范围和ADR曲线与股价综合指数曲线的配合等因素。

（二）ADR指标的取值范围

一般来说，ADR指标的取值范围会在0以上。ADR指标数值可以很大，但实际的股市投资过程中，ADR数值一般不会超过3。除非是在股市形成的初期，上市的股票很少并且所有股票都处于上升的情况下，ADR指标数值会大于3。

1.ADR指标与市场行情状态的关系

根据ADR指标的数值可以把股市大势分为如下几个状态：

（1）ADR指标数值处于0.5～1.5区域中。这样的情况意味着市场行情处于正常状态。ADR数值在这一范围内，说明多空双方力量基本平衡，大盘走势不会有太大波动，基本处于盘整行情。

2014年4月中旬至6月中旬这段时间里，深证成指的ADR指标始终在0.5～1.5这一区域中上下波动。同一时间段里，股指呈现以震荡为主的整理态势，印证了ADR指标的精准预测性（图7-39）。

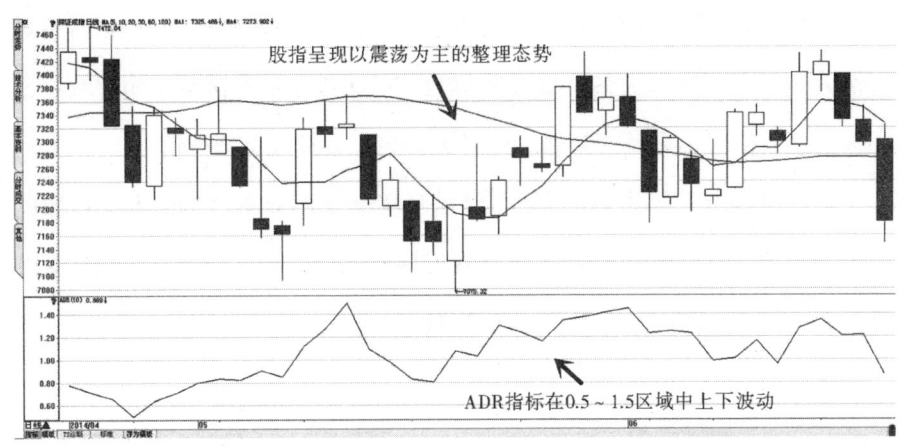

图 7-39　2014 年 4 月～6 月深证成指日 K 线图

（2）ADR 指标数值处于 0.3～0.5 或 1.5～2.0 区域中。这样的情况意味着市场行情处于非正常状态。ADR 指标数值处于 0.3～0.5 区域中，说明空方力量较强，大盘后市行情看跌。ADR 指标数值处于 1.5～2.0 区域中，说明多方力量较强，大盘后市行情看涨。

2014 年 11 月中旬至 12 月初，深证成指的 ADR 指标经过一段时间的上升后，运行在 1.5～2.0 区域中，一般来说这预示着后市股指会大幅上涨。从图 7-40 中可以看到，后市股指的运行趋势再一次证明了 ADR 指标的预测。

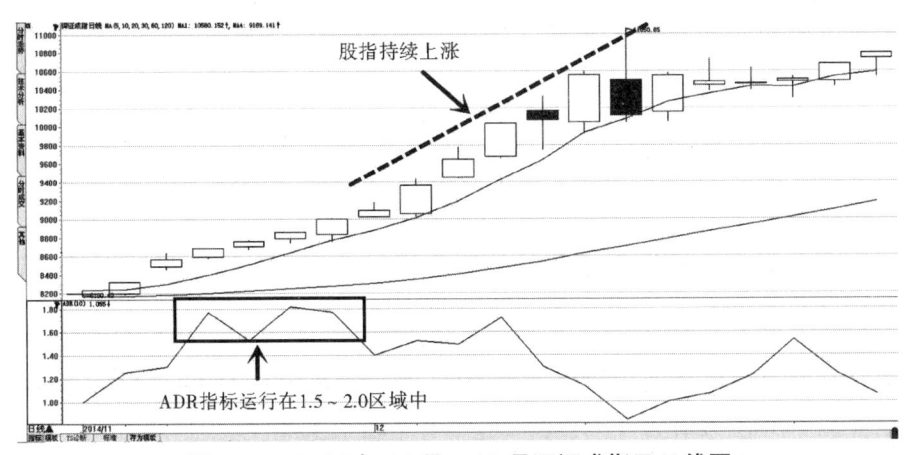

图 7-40　2014 年 11 月～12 月深证成指日 K 线图

（3）ADR 指标数值处于 0.3 以下或 2.0 以上。这样的情况意味着市场行情处于极度不正常状态。ADR 指标数值处于以上两个区间说明有利空或利多消息致使股市暴跌或暴涨。此时大盘属于大跌或大涨行情。

2011 年 12 月受到熊市行情与经济环境恶化的双重打击，上证指数的 ADR 指标在经过大幅下跌后，于 0 附近横向运行。在这种极度萎靡气氛的烘托下，股指也随之大幅暴跌（图 7-41）。

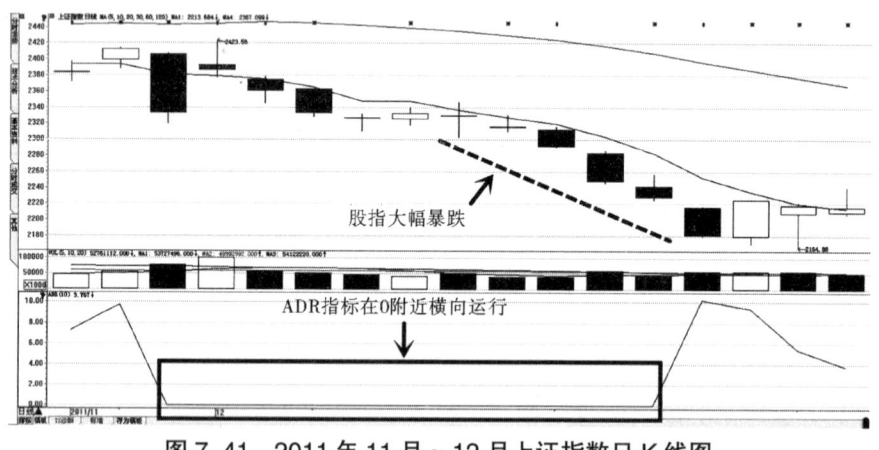

图 7-41　2011 年 11 月～12 月上证指数日 K 线图

2.ADR 的区域决定买卖决策

（1）ADR 指标数值小于 0.5。这样的情况出现后，表示大势将长期下跌，出现超卖现象，后市很可能出现反弹行情，短线投资者可以选择少量买入。

2013 年 6 月 25 日 ADR 指标数值为 0.43，这说明大盘经过长期的下跌，出现了超卖现象，后市行情转势走高的可能性很大。2013 年 6 月 25 日，上证指数最低点数为 1849.65 点，截至 2013 年 9 月 12 日上证指数最高点数已经上涨至 2270.27 点，指数一路上升（图 7-42）。

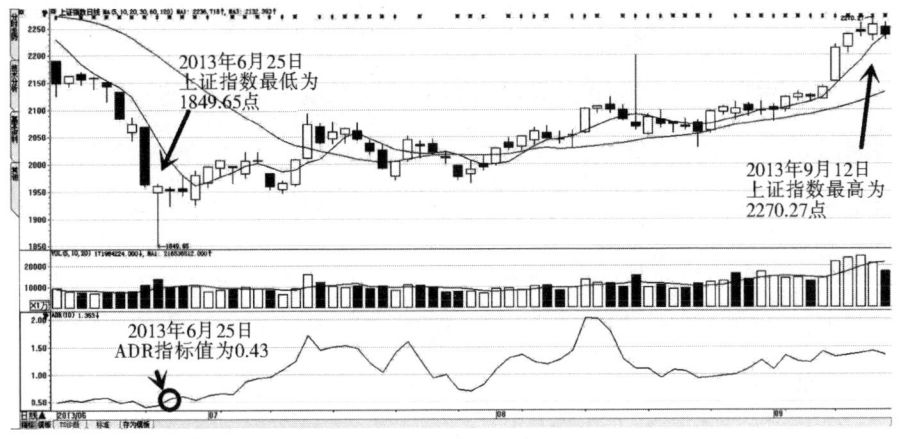

图 7-42　2013 年 6 月～9 月上证指数日 K 线图

（2）ADR 指标数值大于 1.5。出现这样的情况往往代表着大势将保持长期上涨，出现超买现象，下跌的可能性非常大，这时投资者应该抛出手中筹码，以观望为主。

2014 年 4 月 14 日 ADR 指标数值为 1.68，这说明大盘指数经过一段时间的上涨后，出现超买现象，后市下跌的可能性很大。2014 年 4 月 14 日上证指数最高点数为 2134.42 点，直到 5 月 21 日上证指数最低点数已经下降至 1991.06 点，ADR 指标的准确性再次被印证（图 7-43）。

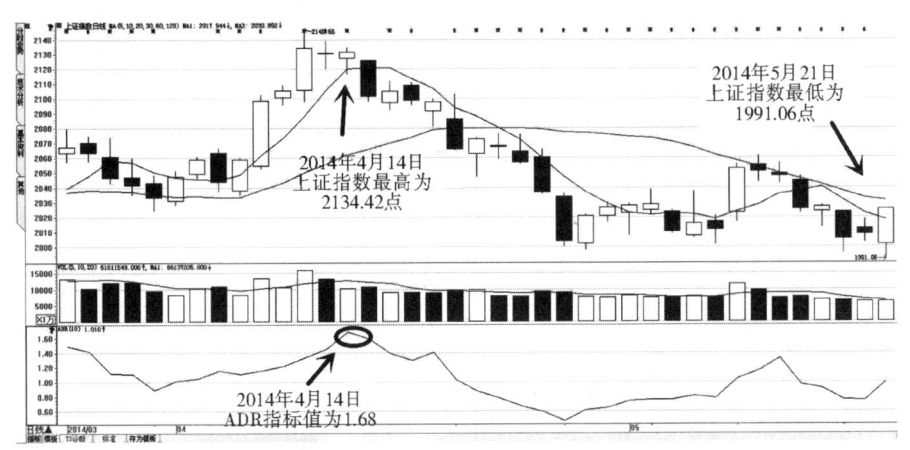

图 7-43　2014 年 3 月～5 月上证指数日 K 线图

（三）ADR曲线与股价综合指数配套使用方法

ADR指标相对于股市大势而言，它的特点就是能够提前示警。在中短期回调或反弹时，ADR指标的示警作用更为明显，比股价综合指数曲线更早出现警示信号。为了方便股民朋友使用，我们根据以下几种情况列举ADR曲线与股价综合指数曲线配合的方式。

（1）ADR曲线与股价综合指数曲线同时呈上升趋势，说明股票市场处于整体上涨阶段，大势也继续保持上升的态势，更说明现在市场比较活跃，人气较旺，股民朋友应选择和大势同一方向的个股进行短线操作。

（2）ADR曲线与股价综合指数曲线同时呈下降趋势，说明股票市场处于整体下降的阶段，大势也会继续保持下降的态势，更说明市场比较低迷，人气较低。股民此时应快速抛出手中持有筹码，在场外观望。

（3）ADR曲线与股价综合指数曲线也会形成"顶背离""底背离"等反转形态。当出现"顶背离"形态的时候，说明上涨行情不能继续维持，后市很可能出现下跌行情，建议新股民卖出手中持股。当出现"底背离"形态的时候，说明下跌行情将要结束，后市很可能上涨，此时投资者应该入场。

八、如何看乖离率指标

乖离率（BIAS），简称Y指，是利用移动平均线原理来寻找买卖时机的一项技术指标，它是移动平均线使用功能的具体量化表现，能弥补移动平均线的不足之处。它的主要功能是计算股价在运行过程中与移动平均线的偏离大小，表达出股价在剧烈波动的时候由于偏离移动平均线的走向而造成的反弹或回档，并能够分析正常情况下股价的波动而形成原有移动平均线趋势的可信程度。

理解乖离率的由来，根据乖离率的特征使用乖离率，乖离率的买入和卖出时机要根据不同的时间参数来分析判断，不要机械地采用一个标准。投资者掌握乖离率的根本在于能够根据当前局势灵活使用（图7-44）。

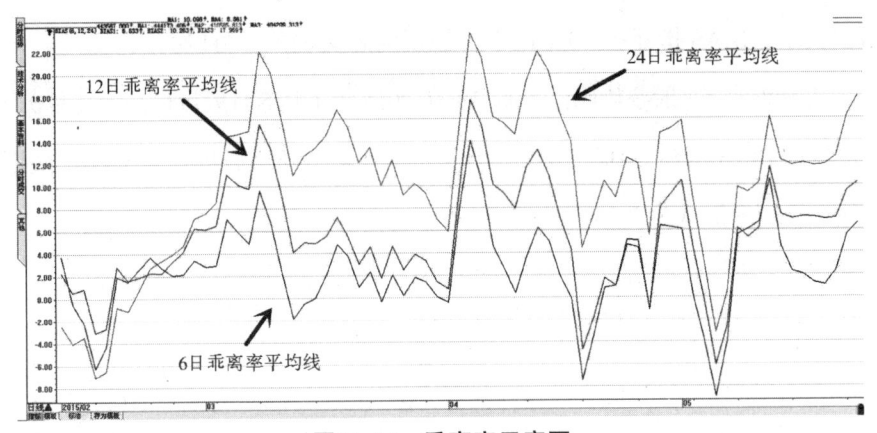

图7-44 乖离率示意图

（一）乖离率指标的运行原理

经济学中价格是价值的表现形式，价格总是围绕价值上下波动，而乖离率与股价偏离移动平均线程度的关系就如同价格与价值的关系。乖离率可以精准地表现出股价偏离移动平均线的程度，从而使新股民朋友能够准确地研判出移动平均线的参考价值，并且根据乖离率还可以分析出股票价格波动的顶部和底部的大致位置，帮助新股民朋友进行股票投资。

乖离率的时间理念是根据股市投资中的逆向思维建立的。股价的上升和下降是股市永远的主旋律，在股价上升时，大多数人都能赚到盘面盈利；而在股价下降时，很多人会将盘面盈利再赔回去。因此，在股市投资中有一个基本策略：在大多数股票都在上涨的时候，抛出手中持有；大多数股票下跌的时候，买进股票。

（二）乖离率指标的实际应用

根据上述乖离率能够从侧面增加趋势线的可信度的特征，可作出以下几点分析：

（1）6日乖离率平均线。BIAS指标在+5%以上，被视为超买现象，可以卖出；BIAS指标在-5%以下，被视为超卖现象，可以买入。

美好置业[1]（股票代码：000667）在2015年1月5日股价最高为3.47元，6日当日BIAS指标达到5.70%，出现超卖现象，随后股价一直下跌，截至2月6日股价最低为2.73元（图7-45）。

图7-45　2014年12月~2015年2月美好集团日K线图

（2）12日乖离率平均线。BIAS指标在+7%以上，被视为超买现象，可以卖出；BIAS指标在-7%以下，被视为超卖现象，可以买入。

2014年10月8日，红日药业（股票代码：300026）的BIAS指标上升至7.28%，对于股民朋友来说，这是一个十分明显的卖出信号，从其K线走势图上可以看到，在该股BIAS指标达到7.28%后，股价便开始大幅下跌。如果股民朋友能够按照BIAS的指示操作，就能合理规避这一次下跌行情。

---

[1] 美好集团于2016年10月更名为美好置业。

同样地，如果股民能在2014年12月30日BIAS指标下降至-7.87%时，执行买进操作，就能吃到一段不小的上涨行情（图7-46）。

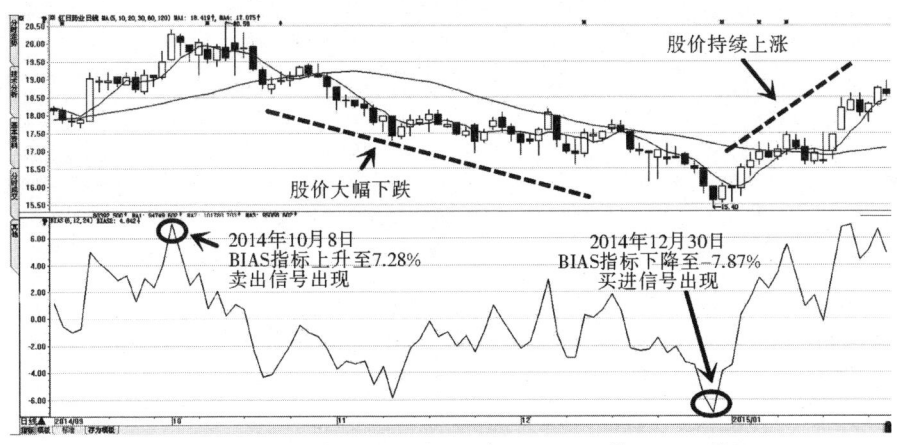

图7-46　2014年9月~2015年1月红日药业日K线图

（3）24日乖离率平均线。BIAS指标在+11%以上，被视为超买现象，可以卖出；BIAS指标在-11%以下，被视为超卖现象，可以买入。

海南瑞泽（股票代码：002596）在2014年1月13日股价最低8.47元，在24日乖离率平均线中当日BIAS指标达到-13.78%，出现超卖现象，随后股价走高，截至2月20日股价最高为10.47元（图7-47）。

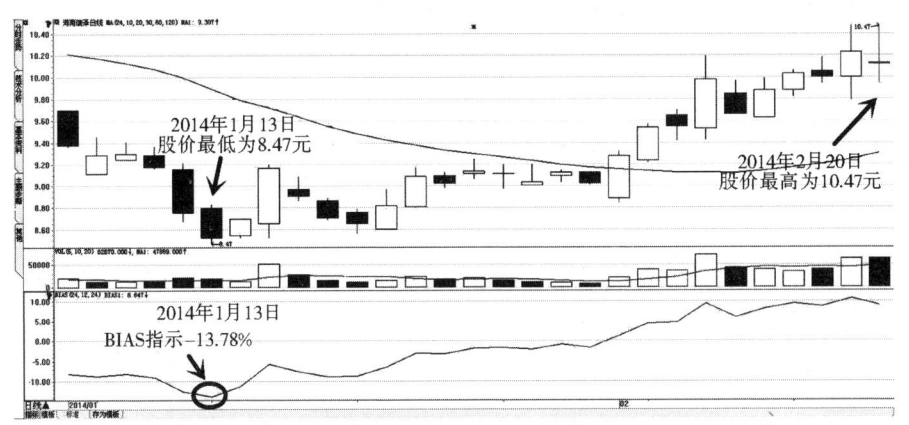

图7-47　2014年1月~2月海南瑞泽日K线图

第八章 ◎ 看穿主力就这么简单

主力进场，黄金万两。有主力的地方，往往意味着存在获利机会。换句话说，看穿主力动向，了解主力在建仓、洗盘、拉升和出货这四个阶段分别如何操作，并学会抓住时机跟住主力的脚步，便能降低投资风险，增加赚钱概率。

一、看动向：个股异动间的主力踪迹

主力是指股市中拥有雄厚实力的机构、团体或者个人。主力的操纵方式是动用大笔资金掀起一波又一波的股市浪潮，利用各种各样的手段操控股市的股价变化，以便从中套取巨大的利润。投资者若能找到主力，就有机会利用主力的操作在其中跟风获利。

那么，对于投资者来说如何找到主力？在当前股市的几千种股票中大海捞针，难度很高。但我们可以先了解主力介入的迹象，再通过这些迹象来找到主力。

（一）急剧放量或缩量

成交量的变化往往会体现主力是否在其中，不论主力使用何种手段操纵股价，是采取底部放量吸筹；还是在派发的时候营造放量突破的假象，从而吸引跟风盘的进入达到出货的目的，都会随着成交量的急剧变化。

九龙山[1]（股票代码：600555）在2014年1月27日的交易量还是很平淡的，但在1月30日到2月10日之间股票的成交量急剧上升，股价大幅变动，说明主力入场了。随后股票的成交量在经历过一段挣扎后开始下降。这种成交量与股价的快速变化正说明了庄家正在操盘（图8-1）。

（二）股价暴涨暴跌

主力介入时，经常会带来股价的暴涨和暴跌。暴涨、暴跌在K线图上

---

[1] 九龙山于2016年更名为海航创新，现股票简称 *ST 海创。

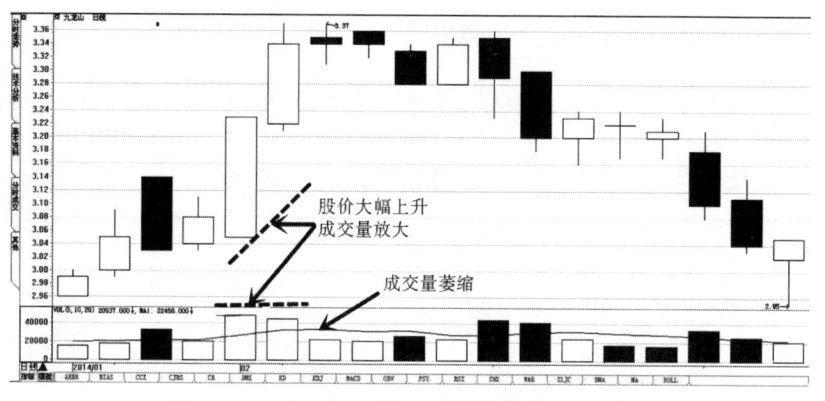

图 8-1　2014 年 1 月～2 月九龙山日 K 线图

的表现最为直观，在一个方向上快速前行，中途几乎没有调整的过程。短时间内的涨幅或者跌幅就能达 100%~200%。

中安消❶（股票代码：600654）其股价自 2014 年 1 月 13 日起，开始了它的跳空式上涨旅程，截至 2 月 24 日涨幅已经达到 59.87%。涨幅虽然不是特别大，但是这种没有任何道理的跳空让人看得目瞪口呆。主力藏在其中，在暴涨后开始出货，其股价开始下跌，虽然盘中小规模抵抗不断，但在大势的驱使下，其下跌已成了不可避免的定局（图 8-2）。

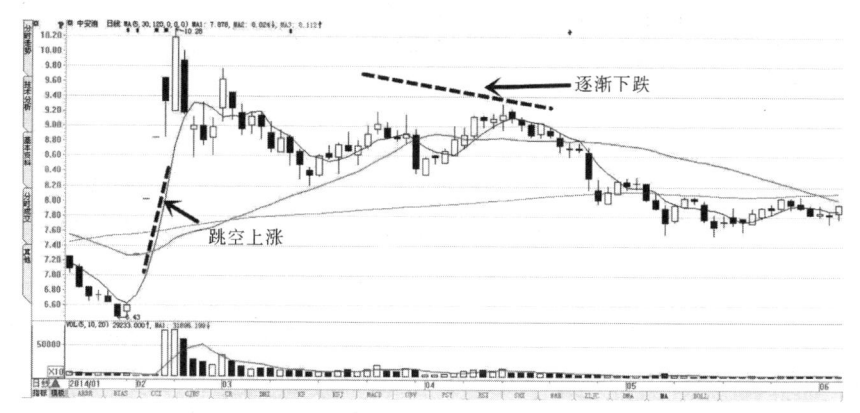

图 8-2　2014 年 1 月～5 月中安消日 K 线图

---

❶ 中安消于 2018 年更名为中安科，现股票简称 ST 中安。

（三）个股行情逆势而动

个股逆势而动很有可能就是主力的操纵手段，大多数个股的走向都会随大盘的变化而变动，除了一些特殊情况以外。在大盘态势不理想的情况下，主力可能会制造个股逆势而动的现象，吸引投资者的目光，从而达到盈利的目的。

2014年4月到5月之间，上证指数在将近3个月的时间内趋势呈下跌形态。在这种大趋势下，大名城（股票代码：600094）股价却逆势而上，一波上涨行情显示出来。新股民细心观察，会发现这只股是在下跌行情出现后在底部囤积力量，这种迹象很有可能意味着主力开始介入场中，其后股价必然会连连上涨（图8-3，图8-4）。

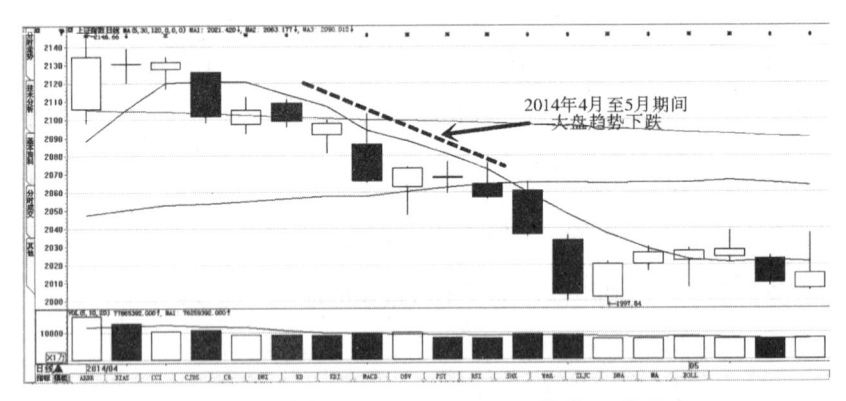

图8-3　2014年4月~5月上证指数K线图

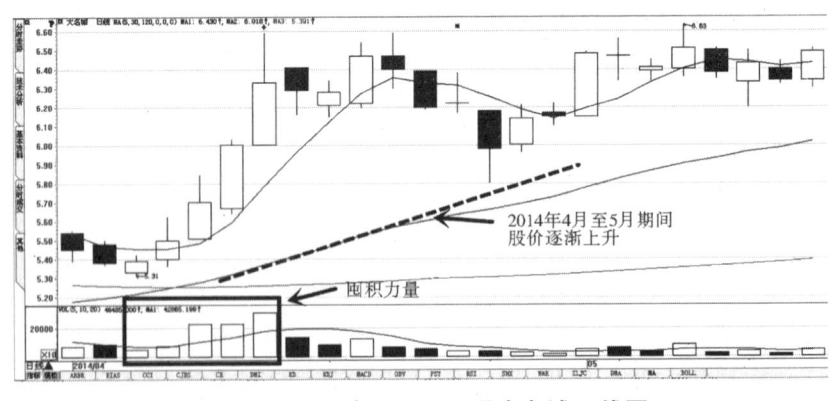

图8-4　2014年4月~5月大名城K线图

二、看建仓：跟随主力，低价杀入

建仓，是不论主力还是个体投资股票都要进行的一步，区别在于个人建仓往往是吸取非常少量的筹码，而主力建仓会投入大量的资金吸取大量的筹码。建仓是主力成功坐庄的基础，完成建仓就等于主力坐庄的过程已然完成了一半。

下面我们来具体讲一下，主力的建仓方式。

（一）隐藏式建仓吸筹

隐藏式建仓吸筹是很多主力常用的一种手段，主要是为了在建仓阶段尽量不让人察觉，操作的时候不会有大笔的买入，而是将手中的资金拆分成小笔资金，多次买进筹码，这样的建仓方式虽然耗时较长，但是其突然性的爆发所带来的利润着实可观。所以，隐藏式建仓是主力使用的有效方式之一。

上海贝岭（股票代码：600171）股价在 2014 年 6 月 ~ 2015 年 1 月都是在底部游荡，虽然该股股价没有大幅波动，但是其成交量却在间歇放大。这一现象就透露出了主力在悄悄吸筹的动作，而且主力把自己隐藏得非常好。直到 2015 年 1 月 21 日以后，主力开始在众多投资者面前展示其雄壮的肌肉，强力推动股价，该股股价也在随后的 4 个月内上涨了 165.54%（图 8-5）。

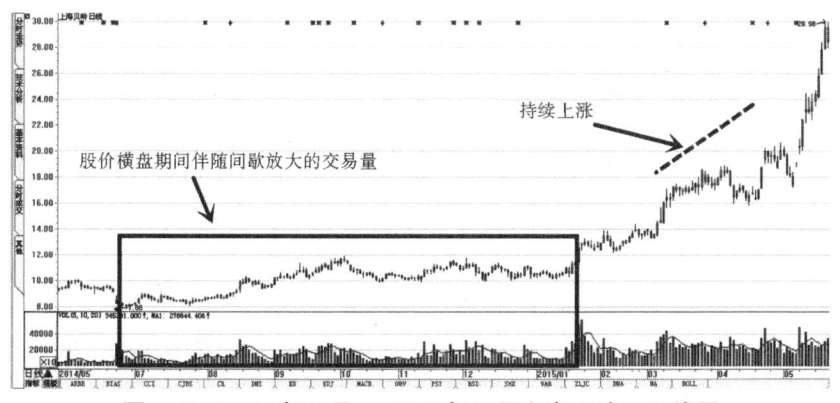

图 8-5　2014 年 6 月 ~ 2015 年 3 月上海贝岭日 K 线图

（二）震荡整理式建仓吸筹

一些主力经常使用震荡整理式的方式建仓吸筹，这种方法多用于绩优股。绩优股的基本面一般都很不错，只要稍有风声，就会吸引大量的跟风盘，造成主力还没拉升股价就已经上涨的局势。这时，主力会操纵股价，造成上下来回震荡的态势，迷惑投资者，趁机建仓吸筹。

吉林森工（股票代码：600189）股价在 2014 年 1 月~2015 年 1 月之间因主力使用震荡式建仓吸筹的方式，在一定区域内不断波动，在投资者不明所以的时候，骤然发力，使股价快速接近主力的预期。这种迷惑性很强的方式使得震荡式建仓吸筹的方式具有很强的实用性（图 8-6）。

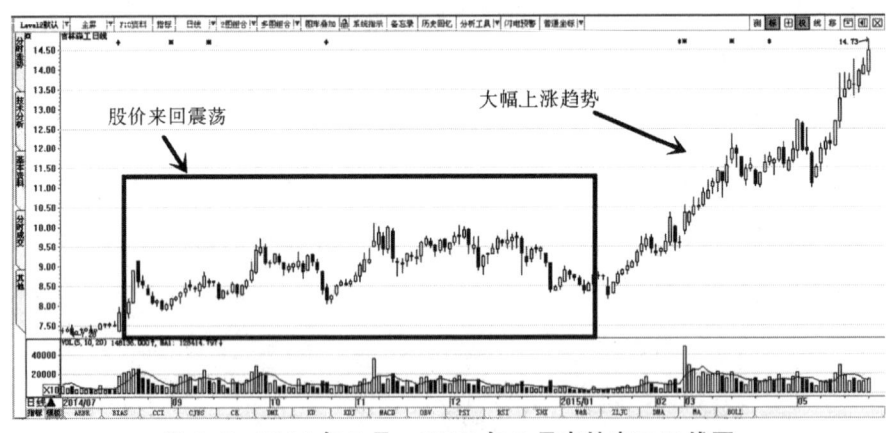

图 8-6　2014 年 7 月~2015 年 5 月吉林森工 K 线图

（三）打压式建仓吸筹

大盘低迷、板块人气低迷或是个股被利空消息打击的时候，主力通常会使用打压式建仓吸筹。在恐慌气氛弥漫的大盘中，下档无人承接。主力在下档先埋下大单子，然后以更低的价格向下卖出，这样就加重了持股投资者的恐慌情绪。在低迷行情的刺激下，投资者割肉自保的现象屡见不鲜。其实这个过程不过是主力的一个圈套，投资者如果抛出手中的持股，就正中了主力的下怀，让握有大量资金的主力能够以极低的价格收集筹码。主力的打压方式有以下几种：

1. 利用大盘调整之际，不断打压股价吸筹

特力A（股票代码：000025）股票价格在一段区间内没有跟随大盘态势。在2014年6月~7月大盘横盘调整期间股价越走越低，压迫投资者心理防线，迫使投资者抛出手中股票，若投资者中招抛出筹码，后期的走势相信会使投资者心疼不已！这种方式常常是主力的建仓吸筹所需，通过打压股价吸筹获取投资者手中的筹码，增加日后的盈利水平（图8-7）。

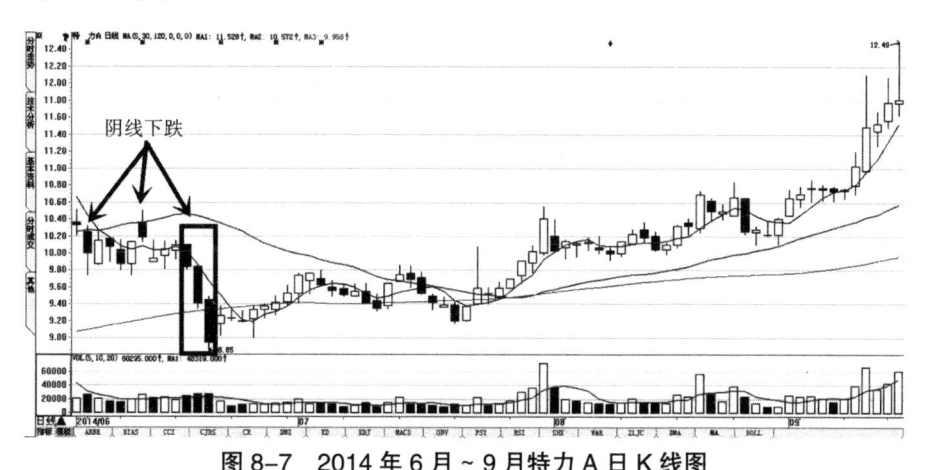

图8-7　2014年6月~9月特力A日K线图

2. 利用行市或者个股的利空消息打压股价

2014年12月，在江苏省爆出巴西疯牛肉事件。这一消息的传出，对本来就不是很强壮的福成股份（股票代码：600965）来说，真是雪上加霜。由于大众对于牛肉健康的担心，使整个牛肉行业低迷，福成股份的收益减少也是必然。这时候主力悄然进入，顺势打压吸筹，在其吃饱喝足后，猛然发力，致使股价大幅攀升（图8-8）。

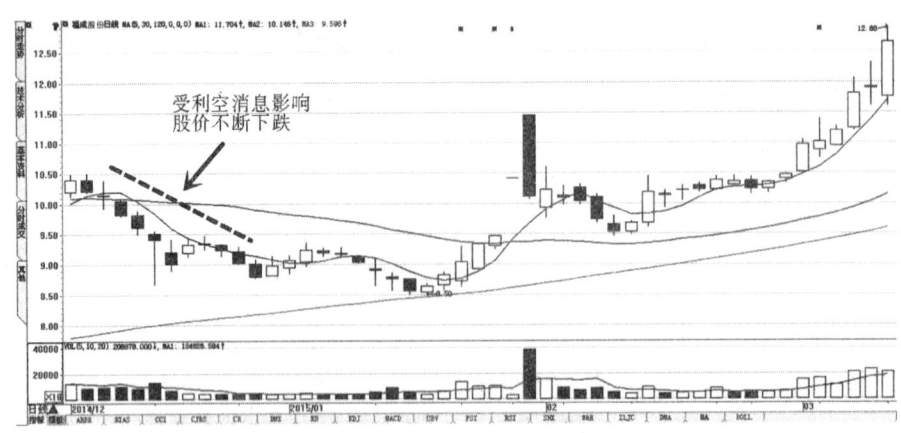

图 8-8　2014 年 12 月~2015 年 3 月福成股份日 K 线图

3. 筑建顶部诱骗筹码

主力在针对恒源煤电（股票代码：600971）这家公司股票的操作手段上使用过"头肩顶"的方法。通过"头肩顶"模式制造顶部特征，随后的下跌势态使投资者纷纷抛出手中的筹码，从而达到主力大肆收获廉价筹码吸筹建仓的目的（图 8-9）。

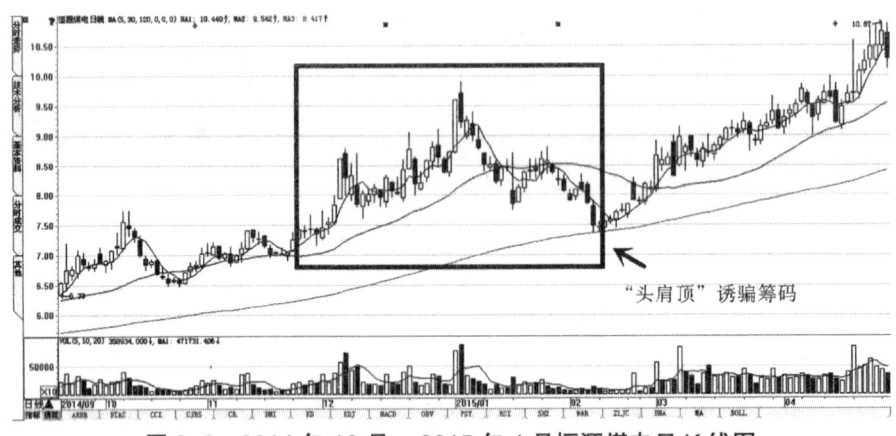

图 8-9　2014 年 10 月~2015 年 4 月恒源煤电日 K 线图

主力建仓吸筹的方式随着普通投资者炒股技术的提高，不停地更新换代。但是从其本质上看，很多时候主力之所以能够顺利建仓吸筹，其实就是利用了股民的心理特征，要么是在低位消磨股民的耐心，要么就是加重股民的恐惧心理，从而迫使股民抛出持股。所以对于新股民来说，没有一成不变的炒股技术，只有具备强大的心理和采用理性的判定，才能在股市中战胜主力，从而获得丰厚的回报。

三、看洗盘：盯住主力，顶住压力

什么叫洗盘？洗盘就是为了能够减轻拉升股价时的负担，主力会在拉升之前利用各种手段，甩开一些不被看好或者不稳定的跟风盘，从而保证自己的利润。

作为一名股市的投资者，要知道主力洗盘的手段方式，并了解其洗盘的手段和方式，才能准确地判断出主力的目的，从而作出最合适的决定。仅仅只知道主力洗盘的目的是根本不够的。

（一）边拉升边洗盘

边拉升边洗盘的具体方式是：主力逐日放量将股价拉高，然后骤然停手，并跟随着大手笔封盘或吐回部分获利，造成市场跟风盘跟风外涌，股价回落，在K线图上表现为阴线不断和K线上的长长的上影线。这样就达到了清除不稳定跟风盘的目的，又在高位锁住了一定的筹码。

雷鸣科化[1]（股票代码：600985）股票价格在2014年8月~10月期间，被主力拉升一定的幅度后，就会出现一根或者几根阴线，造成下跌

---

[1] 雷鸣科化2018年更名为淮北矿业。

现象。主力多次使用相同的手段，不断营造股价见顶的假象，将不稳定的跟风盘不断洗刷出。这就是一种比较典型的边拉升边洗盘的洗盘手段（图8-10）。

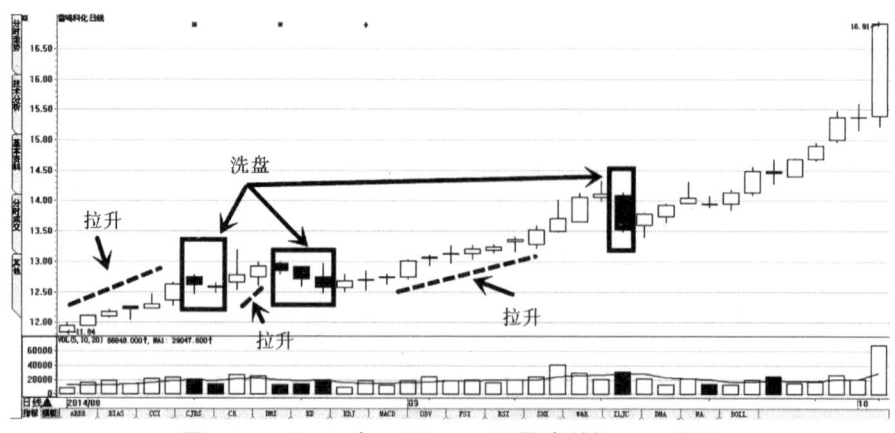

图8-10　2014年8月~10月雷鸣科化日K线图

（二）横盘整理式洗盘

横盘整理式洗盘就是主力在拉升股价的过程中，突然停止做多，在一段时间内使股价横向整盘，洗掉一些缺乏耐心的投资者。这样的股票随后往往伴随着重大的利好。主力表现的意愿是不想损失一分一毫的筹码，所以才会选择用时间消耗股民耐心的方式洗出低位的获利盘。

赤峰黄金（股票代码：600988）其股价在2014年12月~2015年5月期间，被主力操控洗盘。其手法就是通过短期的小幅度股价攀升，使一些跟风盘进入，再通过将近两个月的横盘"折磨"，使跟风盘抛出自己的筹码，力图在不损失筹码的同时能够再次吸入一部分筹码壮大自己。如果该股的投资者能把持住自己，获利的良机就会在不久之后到来（图8-11）。

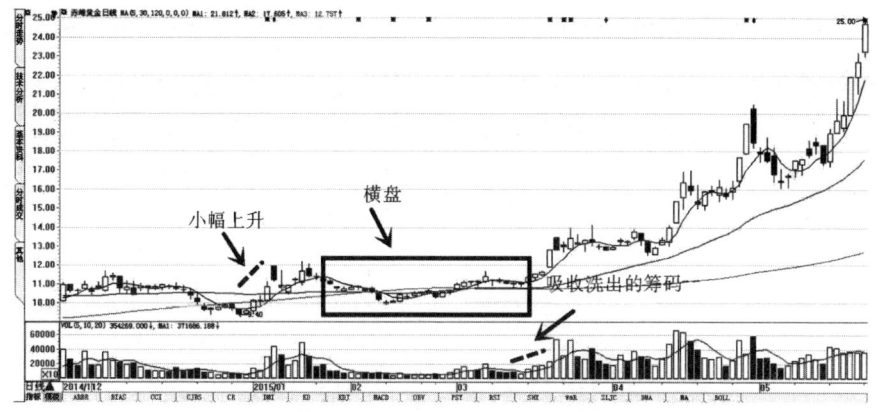

图 8-11　2014 年 12 月~2015 年 5 月赤峰黄金日 K 线图

（三）上下震荡式洗盘

上下震荡式洗盘也是主力经常使用的一种手段。在一个时间段内，主力操作股价不断地波动，根本不给投资者任何机会找到它的节奏，将胆小者和无耐心者洗掉，这种方式可谓是主力最佳的选择。

金陵饭店（股票代码：601007）其股价在 2014 年 5 月~11 月，呈现毫无规律的波动，时而走高，时而跌入低谷。这种将近半年的波动，一般都是些实力雄厚操作老道的主力操控的，根本目的就是让这一时间段内的跟风盘摸不到头脑，不敢进入或者直接抛出手中的筹码（图 8-12）。

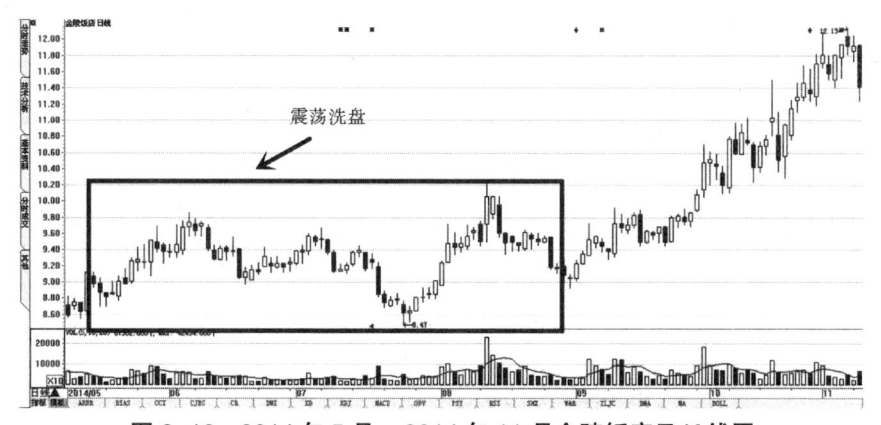

图 8-12　2014 年 5 月~2014 年 11 月金陵饭店日 K 线图

原本低迷的大盘在主力的积极介入下，其股价开始活跃起来，成交量也日益变大，出现价涨量升的势态。主力为了减少日后的拉升的阻力，大多会将短线获利盘驱逐出局。根据成交量判断主力是否洗盘，这种方法简单实用。

四、看拉升：吃下完整上升波段

"拉升"，是主力将股价拉升抬高的过程。主力要想在股市中套取利益，将股价抬高到一定的高位是必要的一个步骤，只有这样才能扩大其获利空间，最终赚取暴利。

一般情况下，主力虽然实力不同，但其拉升手段不外乎三种，总结为：一是直升机式拉升，二是斜线式拉升，三是台阶梯式拉升。

（一）直升机式拉升

直升机式拉升多借用朦胧的题材通过高度控盘的手段，使股价如直升机上升一般上涨。采用这种方式最明显表现就是股价涨到了离主力预期目标不远的高价，进行长期的缩量横盘，当市场慢慢接受这个高价位的时候，主力又开始缓慢地售出筹码并完成套现。

连云港（股票代码：601008），股票价格在2014年10月~12月期间，被主力操纵。主力在一段时间的积累后，开始大幅拉升股价，甚至是使股价涨停封板。当股价达到其预定的目标位时，开始进行横盘整理。此时大多数投资者认为这只股票是在积蓄力量，从而纷纷买进该股，其实这时主力正将手中的筹码抛出，至于后期如何操作还要看主力的心情（图8-13）。

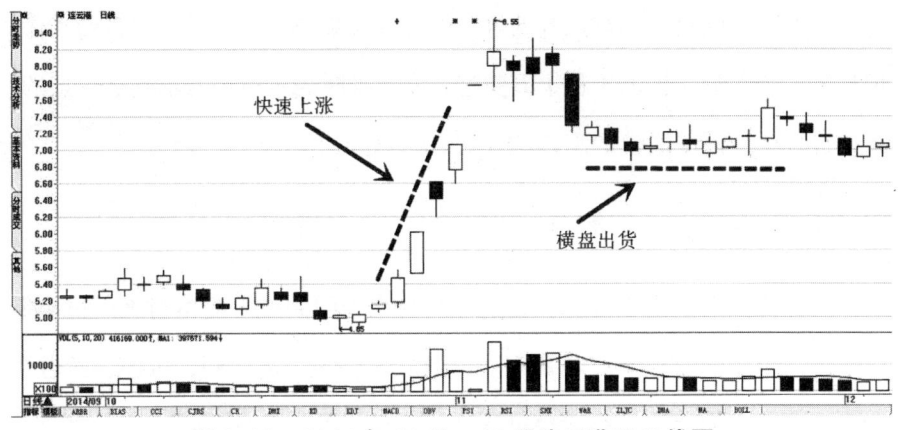

图 8-13　2014 年 10 月～12 月连云港日 K 线图

（二）斜线式拉升

斜线式拉升也是庄家的一种主要拉升手段。其表现是某只股票在某一日或多日中的走势中，庄家为展示自己的肌肉，在买盘的位置上挂上非常大的买单，有时买单的量能够达到四位数。这样的盘中不正常动静容易产生跟涨的情绪，自然也很容易吸引股市中投资者特别是跟风盘的目光。当然，跟涨机会的增多也会使主力抛售的机会增多。

介入宝泰隆（股票代码：601011）股票的主力就是采用了典型斜线式

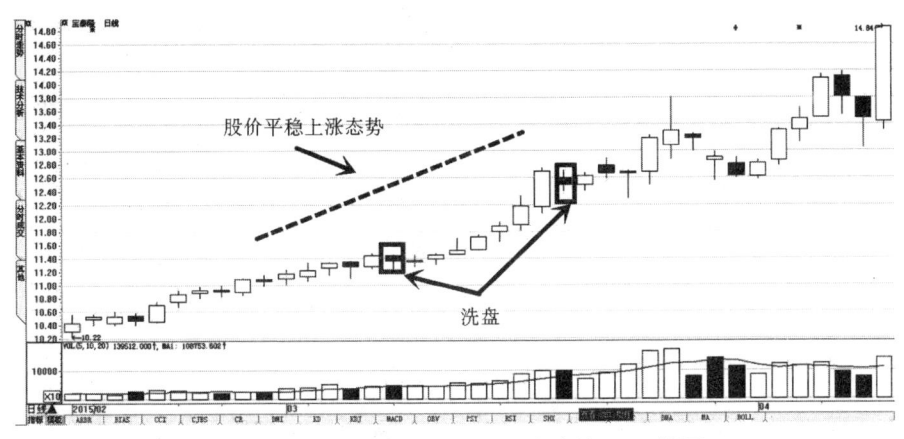

图 8-14　2015 年 2 月～4 月宝泰隆日 K 线图

的拉升方式。该股股价在拉升的过程中没有大幅波动，却随着洗盘的动作，但整体不会影响股价的平稳上升势态，没有雄厚的实力是做不到这一点的。在此过程中，该股股价的涨幅达45.20%（图8-14）。

（三）阶梯式拉升

阶梯式拉升是由于部分主力迫于自身实力限制或总股本过大、过小等原因，在坐庄的过程中所吸筹不能占到总筹码的一定比例，因此，游散资金成了这类主力想要拉高股价过程中的支点，即拉升到一定高度后横盘整理再拉升，而后再次整理的方式来抬高散户的持股成本。虽然这样的拉升方式耗费较长，但是回报非常可观。

一般在阶梯式拉升中不会出现大幅波动，一方面，主力的拳头不够大不足以营造如此大的声势；另一方面，如果波动过大引起恐慌性抛盘，那么主力就会吞下巨大的苦果了。

介入川仪股份（股票代码：603100）股票的主力由于公司总股本小，不能吸收到足够的筹码，因此不能高度控盘。此时，该主力采用阶梯式拉升的手法。虽然在其拉升的过程中没有巨大波动，但在经历了一两个月的积累以后，该股股价的涨幅达49.34%（图8-15）。

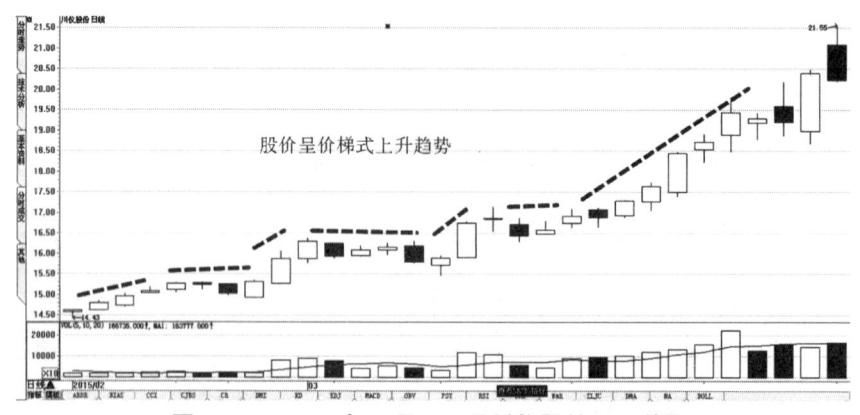

图8-15　2015年2月~3月川仪股份日K线图

主力操控股价拉升的过程也常常伴随着洗盘的手段，所以股民朋友要学会分析对比，不要一看到拉升迹象就奋勇直入，一看到股价下跌就"急流勇退"，这样做往往不利于扩大获利的空间。因此，即使是在主力拉升的阶段，股民朋友也应该随时观察盘面的变化，不要被庄家在拉升的过程中甩下轿。

五、看出货：主力出货，散户出逃

"出货"，是指主力在完成建仓、洗盘、拉升后，将手中的高价筹码派发出去的过程。这样，便完成一个完整的坐庄过程。无论何时，主力在完成出货后，才能将盘面上获取的暴利换成真金白银。

主力为了吸引买盘，在完成出货的过程中通常会采用设置多头陷阱出货、快速打压出货、利用除权出货、利用反弹出货四种方式。

（一）设置多头陷阱出货

在大盘中，通常阻力位和支撑位是经常转换的，阻力位一旦被突破，就会变成支撑位。对于以技术分析为核心的投资者来说，这就是一个"定理"。主力经常会利用这类投资者的心理制造假突破，从而趁机出货，达到获利的目的。

安徽合力（股票代码：600761）股价操纵主力利用假突破，实现出货。该股股价在一段时间内处于10日均线以下，随后以一根大阳线成功突破股票阻力位。一些新入门的技术型投资者看到这种情况纷纷入场。随后主力又多次利用大阳线刺激投资者，一些老牌技术性投资者也纷纷中招，然后主力在投资者认为牛股出现时，大肆出货，最终导致股价大幅滑落（图8-16）。

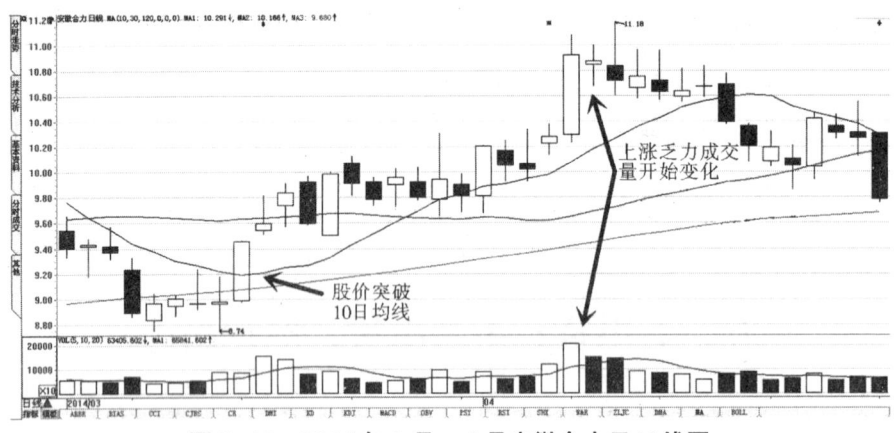

图8-16 2014年3月~4月安徽合力日K线图

（二）快速打压出货

当股价被拉升到一定的高位，主力也会产生急于将盘面赢利转化为真金白银的心理。所以一些主力就会通过横向的K线上影线拉高股价，为随时出货做准备，只要盘口有买盘被拉高的股价吸引，就对准买盘一阵狂风骤雨般地猛砸，在打压股价的同时出脱筹码。

2014年1月~5月期间，在涪陵电力（股票代码：600452）公司股票中的主力完完全全为大家诠释了什么叫作实力强，什么叫作下手狠，什么叫盈利。主力通过近3个月的时间操控股价稳步上升，大多数投资者还做着只要投资这只股票就能稳定的盈利的美梦。在随后的时间里主力大量抛出筹码以致跳空阴线出现，而主力赚得盆满钵满，留下了倒霉的投资者（图8-17）。

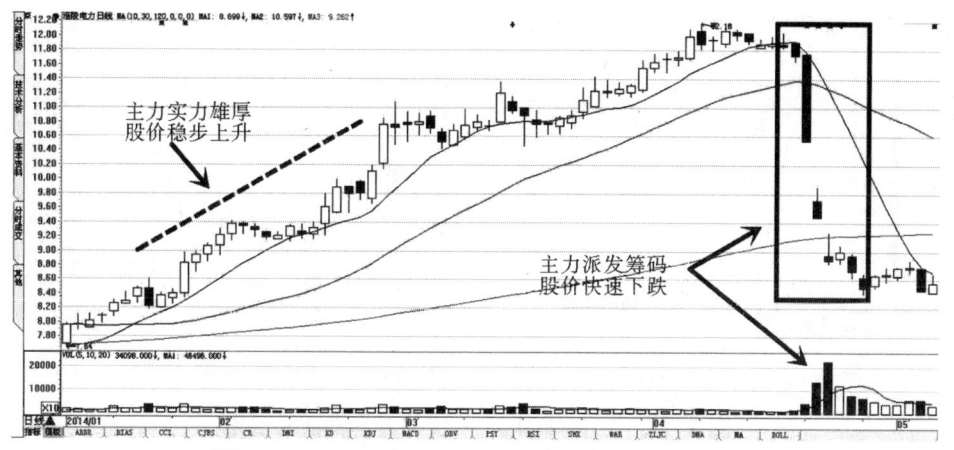

图 8-17　2014 年 1 月~5 月涪陵电力日 K 线图

（三）利用除权出货

个股除权后，多是主力操作的时候。此时股价回落到一个相对较低的位置，投资者以为可以抄底了，主力稍稍拉升股价，就会造成一种体填权的假象，而投资者却以为是真的上涨开始，纷纷跟进。而主力此时出货是真，最终赚得盆满钵满。

介入胜利精密[1]（股票代码：002426）公司股票的操纵主力，为了达到出货的目的就利用除权的方式获取利润。2014 年 5 月除权后，股价从 19 元左右下滑至 7 元左右，这时很多投资者还保持观望态势，但在随后的 8 月 12 日主力通过对敲抬高股价，促使投资者盲目跟进，这时主力就开始出货，股价也开始下跌（图 8-18）。

---

[1] 胜利精密，现简称为：*ST 胜利。

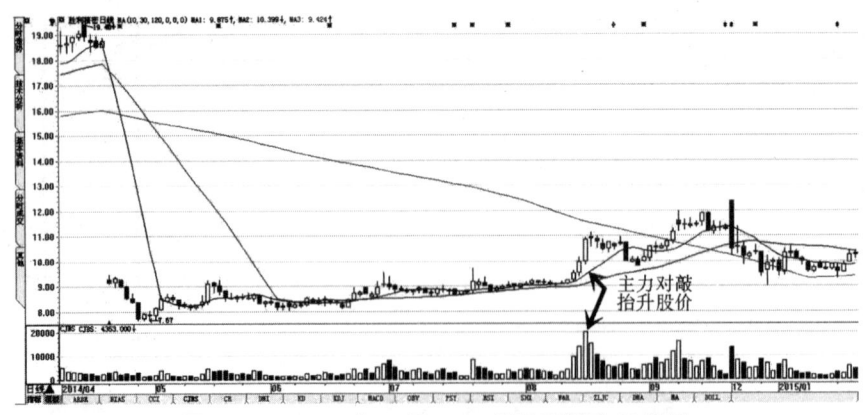

图 8-18　2014 年 4 月～12 月胜利精密 K 线图

（四）利用反弹出货

当主力坐庄获取了足够多的利益以后，利用手中最后的筹码使股价跌穿 30 日均线，将高位的跟风盘套牢。由于股价快速下跌，主力就顺势在低位补进筹码做一波反弹行情，榨取最后的利润。

青松股份（股票代码：300132）股价在经历了一段下跌后开始回暖，当投资者认为该股股价回涨的时机已到之时，新一波下跌行情就在那里等着投资者。造成这种状况的根本原因是，主力在利用手中的最后一点筹码来榨取这只股票的最后价值（图 8-19）。

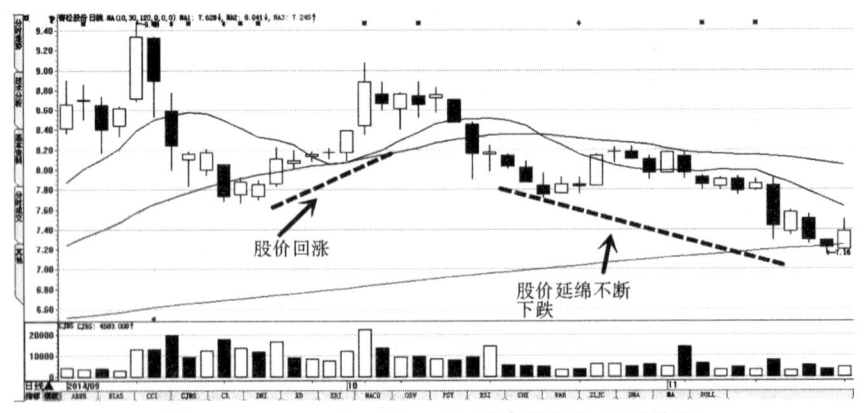

图 8-19　2014 年 9 月～11 月青松股份日 K 线图

第九章 ◉ 股票软件哪家强

市场上充斥着林林总总的股票软件,作为新股民该怎么挑选?有的"傻瓜式"软件甚至直接告诉你何时进场、何时离场,能信吗?专家的建议是:软件要看,自己也要分析,尽信书不如无书。挑选一款性能稳定、信息精准的股票软件,结合自己所掌握的信息,经过分析后逐渐形成一套行之有效的应用法则,这样才是相对可靠的办法。

一、最常用的股票软件

股票软件通过对市场信息数据的统计，按照一定的分析模型来给出数（报表）、形（指标图形）、文（资讯链接），用户则按照一定的分析理论，来对这些结论进行分析、解读。目前最为常用的股票软件，一款名为"同花顺"，另外一款叫"大智慧"。

（一）"同花顺"股票软件

"同花顺"股票行情分析软件是目前广受新老股民们欢迎的免费软件。"同花顺"全面支持创业板行情查询和新股申购、委托交易等功能，能够满足股民炒股需要的行情、数据、交易、社区、咨询等功能，同时还可以免费查看29个国家的股指和港指，是新股民炒股必备的工具（图9-1）。

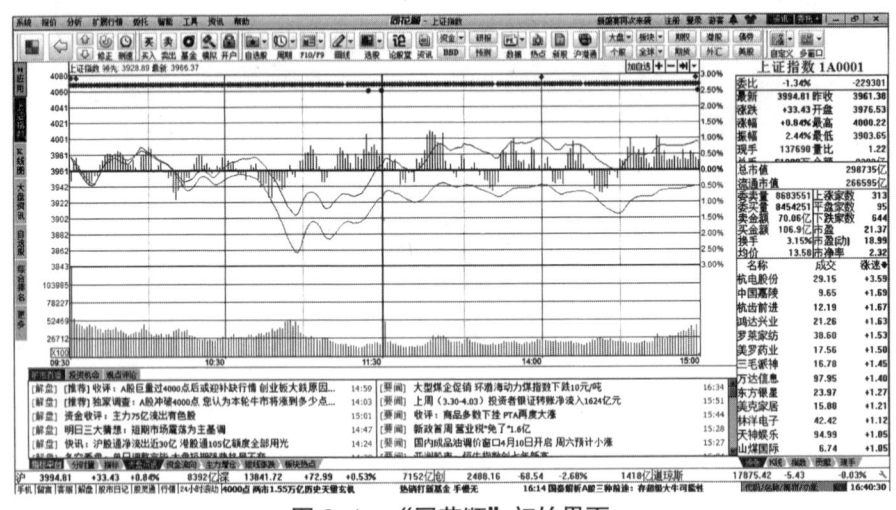

图9-1 "同花顺"初始界面

"同花顺"的主菜单栏可以分为系统、报价、分析、扩展行情、委托、智能、工具、资讯和帮助等选项。

1. 系统

可以在系统选项中找到需要的选项进行选择（图 9-2）。

图 9-2 主菜单栏系统选项图

2. 报价

"同花顺"的报价选项主要可以分为沪深指数、涨幅排名、综合排名、K 线同列等。在其下拉菜单的选项中，后面的数字代表快捷键操作。例如，选择涨幅排名中的沪深 A 股涨幅排名，可以直接键入 60 进入界面（图 9-3）。

图 9-3　报价选项下拉菜单

3. 分析

分析选项下拉菜单有成交明细、K线图、复权处理、多周期图等，可以根据不同的选项查看不同的分析结果（图 9-4）。

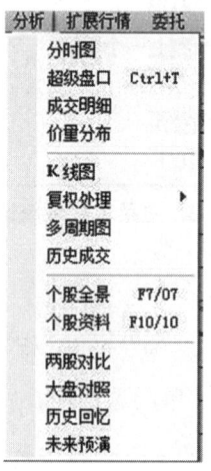

图 9-4　分析选项下拉菜单

4. 股指期货

"同花顺"对股指期货的分类比较细,能够从这些分类中方便地查找出信息(图9-5)。

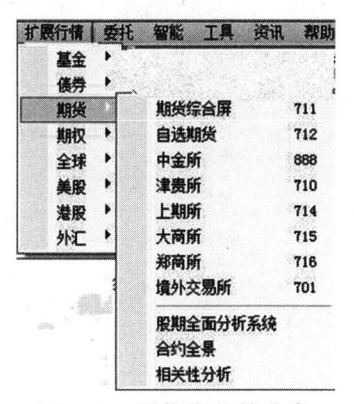

图9-5 股指期货的分类

5. 基金

在基金选项的下拉菜单中,可以看到其对应的快捷操作就是基金名称的拼音,这种方式可以方便投资者记忆,在查找的时候,只需要输入拼音的开头字母,按回车键即可(图9-6)。

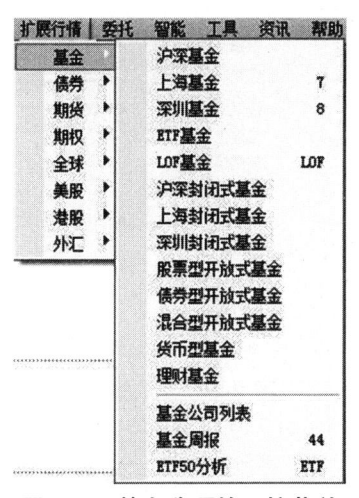

图9-6 基金选项的下拉菜单

6. 资讯

通过资讯选项查看不同的信息（图9-7）。

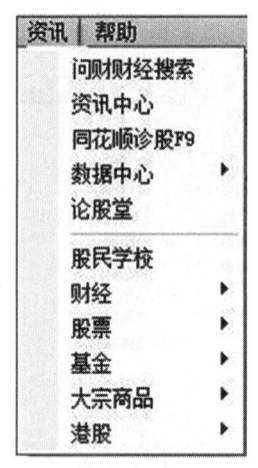

图9-7 资讯选项

7. 工具

在工具选项里面，可以对板块及其他方面进行一些设置（图9-8）。

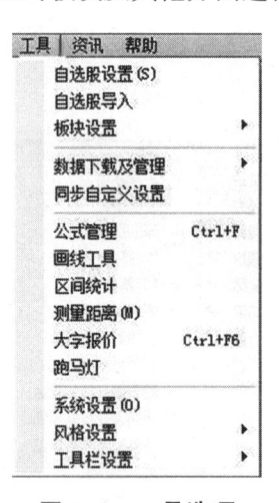

图9-8 工具选项

8. 帮助

如果你对"同花顺"股票软件或者对其操作有什么疑问，可以通过点击帮助，去寻获相应的解答（图9-9）。

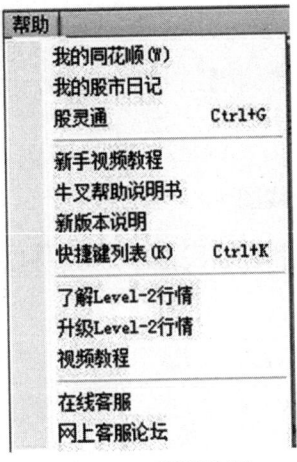

图 9-9 帮助选项

（二）"大智慧"股票软件

"大智慧"是一个集行情揭示、资讯查询、技术分析和盘面检测等功能于一体的软件平台，它将证券、期货以及外汇有机整合在一起，是新股民的看盘利器（图9-10）。

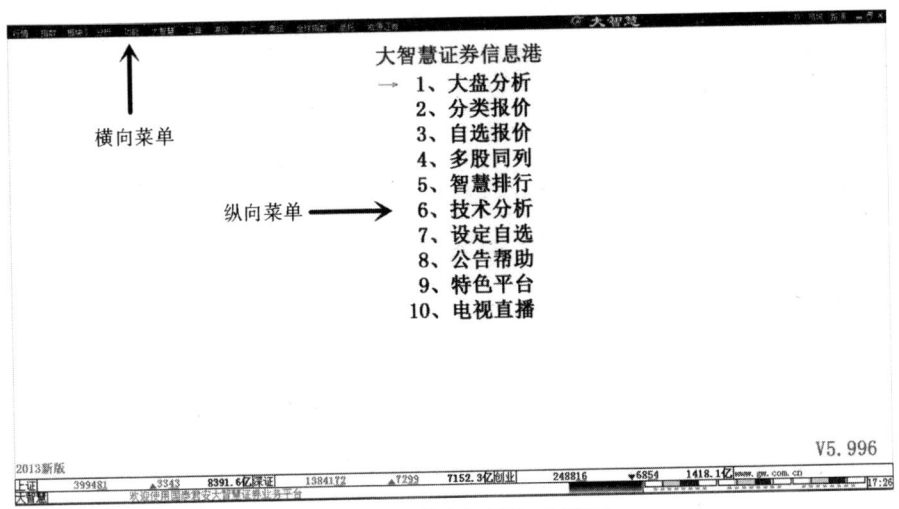

图 9-10 "大智慧"主界面

在此界面上有横向菜单栏和纵向菜单栏，股民朋友可以从菜单栏中选择自己所要了解的信息。

横向菜单栏包括：行情、指数、板块、分析、功能、大智慧、工具、外汇、委托等选项。

1. 怎样看大盘指标曲线图

在大盘走势图下面是指标曲线窗口，可以显示 ADL 指标、MACD 指标等曲线指标（图 9-11）。

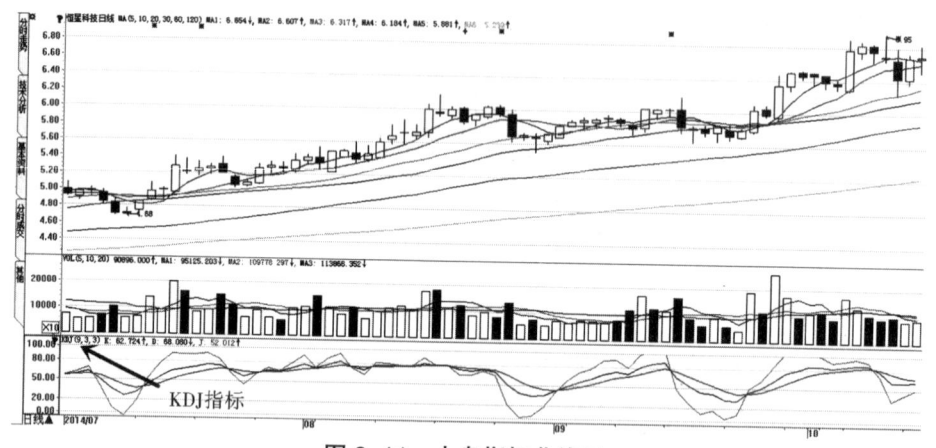

图 9-11 大盘指标曲线图

2. 各个指标的含义

如果你想了解其他指标，只需要在 K 线图页面的菜单栏上点击"分析"按钮，在其下拉菜单中选择"技术指标"，在"技术指标"的下拉菜单中选择一个合适的指标就可以了（图 9-12）。

如果你想要了解某指标的含义，在菜单栏中选择"分析"按钮，在分析的下拉菜单栏中，选择"指标属性"，在其下拉菜单中选择"指标注释"，查看该指标的含义。

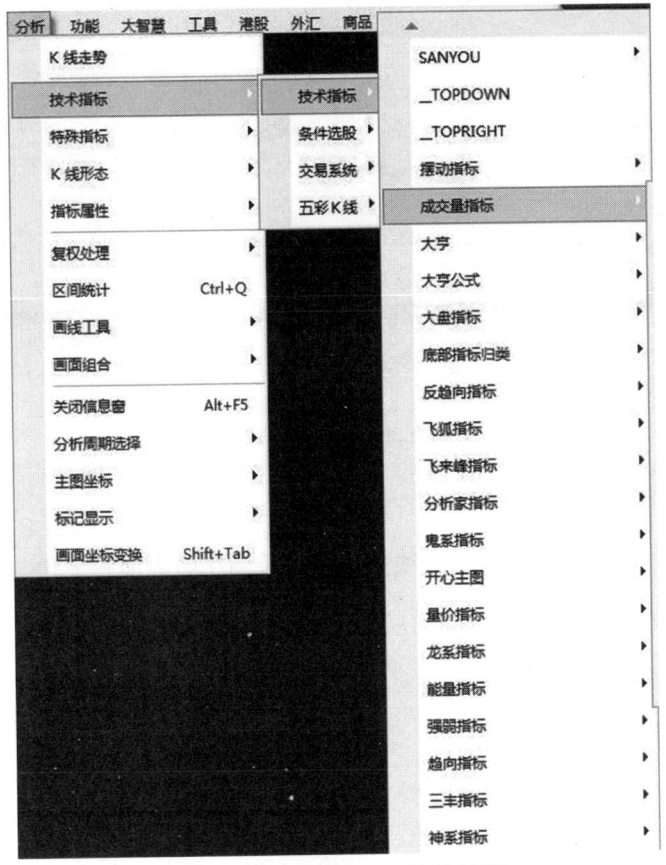

图 9-12　K 线图页面的菜单栏

3. 怎样看大盘的 K 线图

进入"大盘分时走势"界面以后，双击分时走势界面就可以进入大盘的 K 线图形。按↑↓键可以放大或缩小图形，按←→键可以移动查看历史 K 线。按 ESC 键就可以退回大盘分时走势。如果在大盘的分时图形和 K 线之间进行切换，可以按 F5 键进行切换（图 9-13）。

如果你想查看当天的资讯信息，可以按 F10 键，就会出现当天的资讯信息。

图 9-13　大盘 K 线图

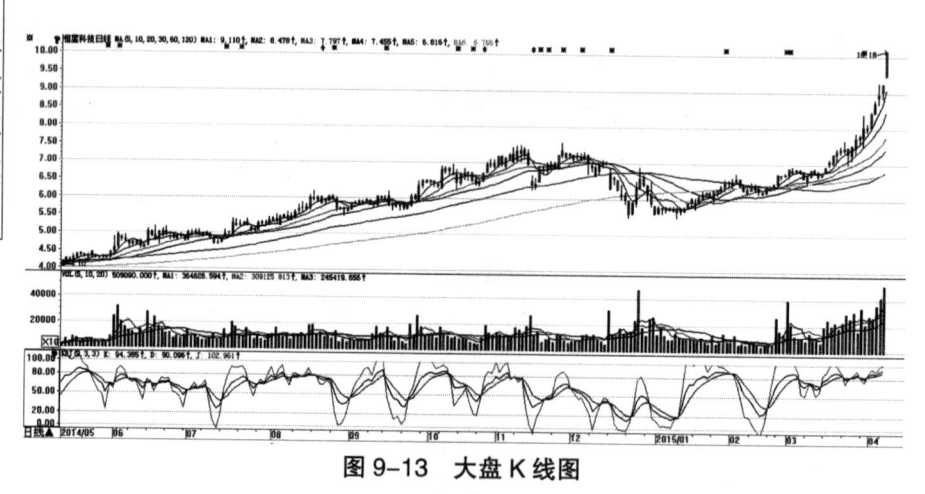

4. 怎样了解个股大单买卖的数据

　　进入大盘的分时图或者日线图，可以看到在此界面右下角与"指数"按钮并排的"大单"按钮，用鼠标点击"大单"可以查看当时个股大单买卖数据，或者可以选择小键盘上的"+"按钮，切换到大单的买卖数据（图 9-14）。

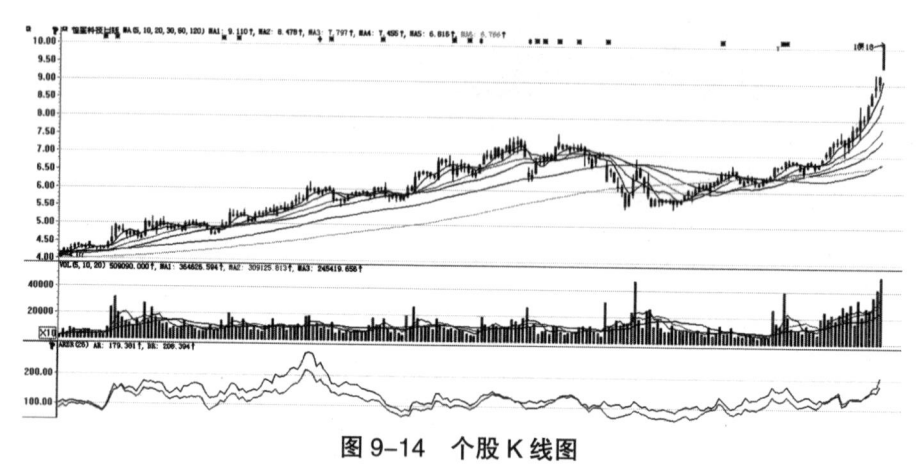

图 9-14　个股 K 线图

　　点击"大单"按钮之后，就会看到即时的个股大单买卖数据。

5. 怎样查看类别指数

要了解类别指数，可以在大盘 K 线的界面上按回车键直接进入指数行情列表，按 ESC 键退回大盘分时走势。可以在键盘上按↑↓键进行指标选择，按 Page Up 或者 Page Down 上下翻页。同时还可以按选项排列，以"涨跌幅"为例，用鼠标点击"涨跌幅"，各类指数将按照"涨跌幅"的降序排列，如果再次点击"涨跌幅"，各类指标将按照升序进行排列（图 9-15）。

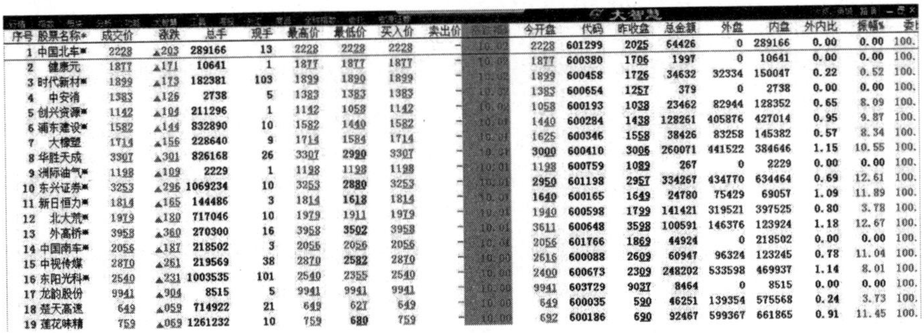

图 9-15　"涨跌幅"排列

6. 怎样看大盘今日的综合排名

如果想了解大盘今日的股价涨幅、跌幅、振幅、5 分钟涨幅、5 分钟跌幅、量比、委比、总金额排名，可以按以下步骤操作：在菜单栏中，选择"行情"，顶级，然后出现"综合排名"按钮，点击选择。

你可以在"综合排名"的下拉菜单中选择一项，查看综合排名。系统会用 9 个排成方阵的小窗口同屏列出所选市场的股票涨幅、5 分钟涨幅、今日委比前六、跌幅、5 分钟跌幅、今日委比后六、今日振幅、量比、总金。在某一窗口锁定某只股票之后，可以用鼠标左键双击进入该只股票的当日分时走势图。

二、股票软件使用指南

股票软件是一套证券分析软件或证券决策系统,它的基本功能是信息的实时揭示(包括行情信息和资讯信息),所以早期的股票软件有时候会被叫作行情软件。

在本节,我们将详细介绍股票软件的使用方法。

(一)怎样查看股市板块

股市板块之间具有一定的联动性,当某一板块中的某只股票上涨之后,其余股票也很有可能出现一定幅度的上涨。

1. 怎样看板块指数

查看板块指数,可以在菜单选项中选择"板块"按钮,然后选择"板块指数"(图9-16)。

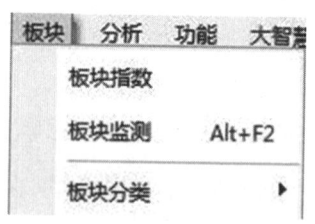

图9-16 板块选项

2. 怎样看分类板块

"大智慧"将板块分为"行业""地域"和"概念"三类。查看不同的分类只需要在"板块分类"的下拉菜单中,选择所要查看的分类即可(图9-17)。

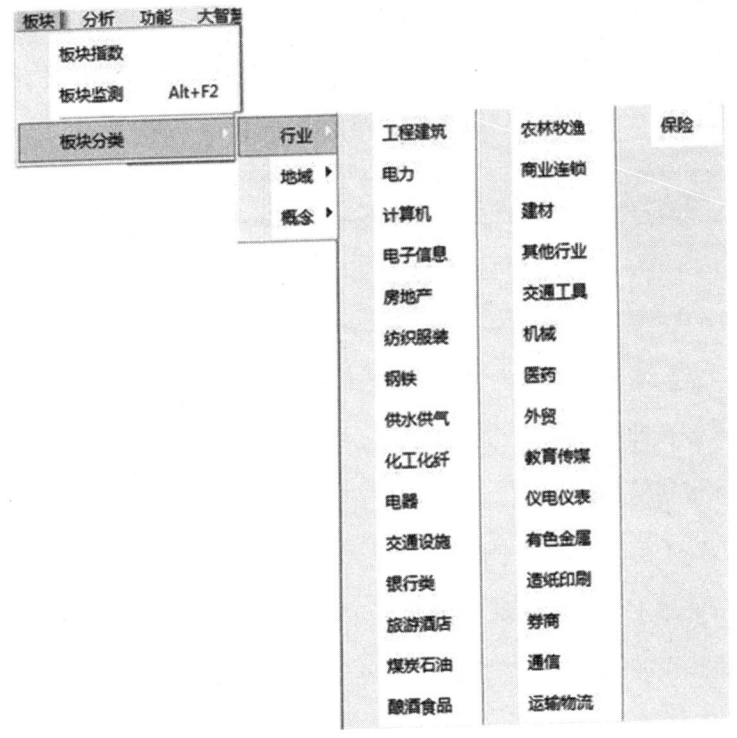

图9-17 板块分类选项

3.怎样进行板块监测

运用板块监测，可以帮助股民发现热门板块、潜力板块以及板块中的潜力股。从菜单栏中的"板块"按钮中，选择"板块监测"选项，点击"板块监测"按钮，就会进入板块监测的界面，查看板块监测的结果。

（二）如何用股票软件查看个股

在第一章里，我们已经讲解了如何看个股的分时走势图，为了能让投资者更好地掌握股票软件这种便捷的炒股方式，下面我们就来具体讲解如何使用股票软件看个股。

1. 怎样看个股指标曲线图

技术指标的分析可以通过 K 线图界面下方的指标曲线窗口查看。我们现在只截取指标曲线部分，以便读者看得更清晰一些（图9-18）。

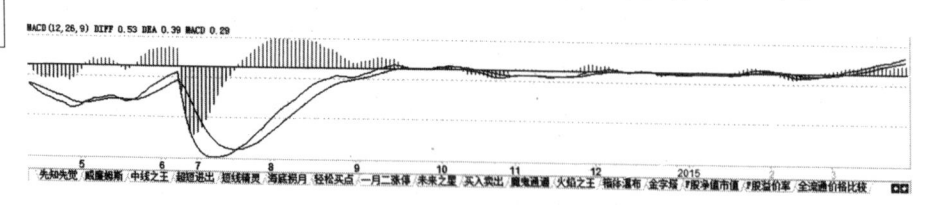

图 9-18 MACD 曲线图标

用鼠标在曲线图上点击任意区域，然后就可以通过键盘上的 Home 键或者 End 键切换指标。

2. 怎样了解个股的基本面

如果你想了解个股的基本情况，可以按 F10 键进入个股基本面界面，查询你所感兴趣的信息。若想退出此界面，按 Esc 键即可。

3. 怎样设置个股预警

股市中的股票很多，你不可能每只股票都能监测到，这就有可能导致自己错失良机。为了避免此等情况发生，你可以通过"个股预警"来帮助自己。

个股预警可以按照你所拟订的条件与范围监控股票，通过这种方式，你几乎可以监控到任何值得注意的情况。

"大智慧"个股预警的监控条件有四个，分别是：价格预警、涨跌幅预警、成交量预警和成交额预警。投资者可以自由设定监控的范围。你可以将 A 股的所有股票都设定在监控的范围内，也可以只设定自己感兴趣的几只股票。

设置"个股预警"需要以下几步：

（1）从菜单栏的"功能"选项中，选择"个股预警"。点击"个股预警"按钮以后，进入"个股预警"的界面（图9-19）。

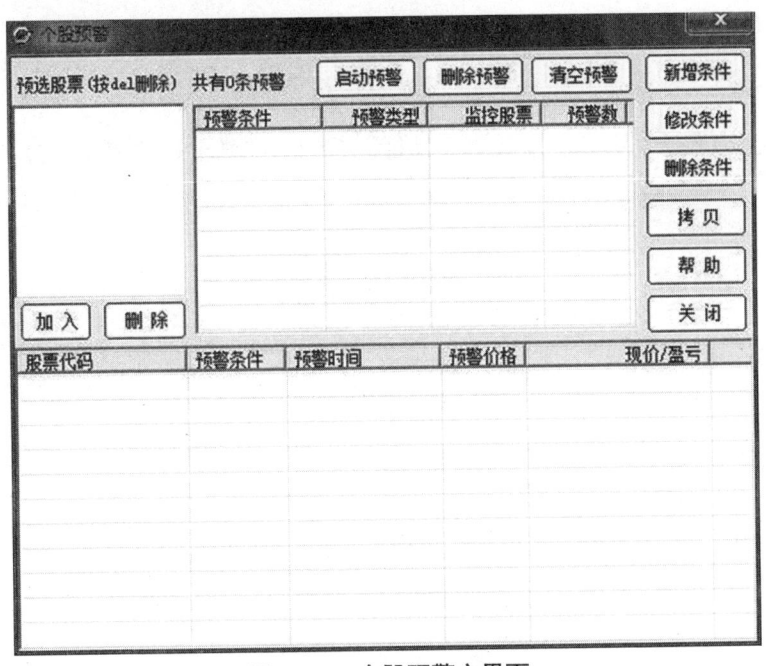

图 9-19　个股预警主界面

（2）点击"个股预警"界面上的"加入"按钮，选择所要加入的股票，然后点击"确定"按钮。然后，设置预警的条件。点击"个股预警"界面上的"新增条件"，来审定预警的条件。设置成功以后，点击"确定"键，返回到"个股预警"的界面。

（3）完成上述操作步骤，回到"个股预警"界面之后，点击界面上的"启动预警"，即预警设置成功。

设定个股预警之后，一旦有符合预警条件的个股出现，系统就会立即按照你所设定的提示方式发出提示，或者立即弹出窗口或者发出声音。

需要提醒大家的是，太多的预警设置会降低预警的反应速度，所以预警不宜设置过多。如果你想删除某个预警，可以直接从窗口的预警记录中删除。

4. 怎样使用"阶段排行"来挑选潜力股

使用"阶段排行",你可以了解一段时间内股票的累积涨跌幅、换手率以及最大涨幅。同时,依据"阶段排行"还可以了解主力的动向,从中挑选潜力股。在菜单栏中选择"功能"按钮,在其下拉菜单中选择"阶段排行"(图9-20)。

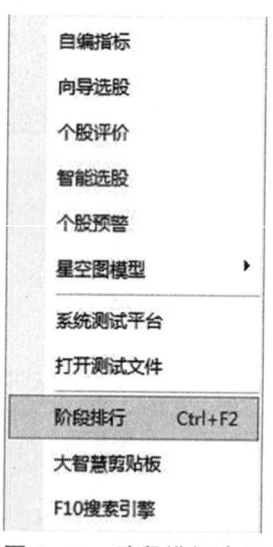

```
自编指标
向导选股
个股评价
智能选股
个股预警
星空图模型        ▶
系统测试平台
打开测试文件
阶段排行    Ctrl+F2
大智慧剪贴板
F10搜索引擎
```

图9-20　阶段排行选项

点击"阶段排行"进入其界面。在"阶段排行选项"界面中选择你所选定的条件,点击"确定"按钮,即可查看阶段排行的股票。

5. 怎样使用"精确复权"来避免主力陷阱

"大智慧"的"精确复权"功能可以消除除权后股价失真和技术指标走样的情况,从而避免主力利用"除权""填权"等概念引诱投资者高位接货,长期被套。在菜单栏中,选择"分析"按钮,在其下拉菜单中选择"复权处理"。你可以选择前两种复权方式,也可以选择"手动复权"(图9-21)。

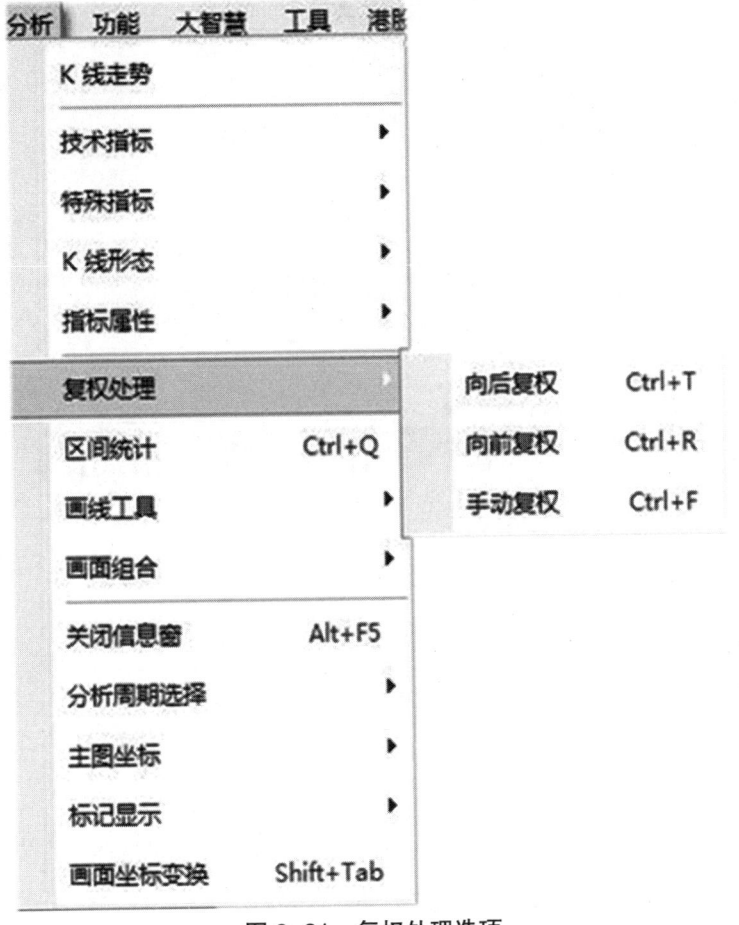

图 9-21　复权处理选项

6. 怎样查看个股的分析周期

"大智慧"提供的分析周期有 5 分钟线、15 分钟线、30 分钟线、60 分钟线、日线、周线和月线。想查看个股的分析周期，只需在个股的界面下方，选择快捷键 F8，按动 F8 后即可在不同的周期间进行循环切换。

另外，还可以在菜单栏中，选择"分析"选项，点击其下拉菜单中的"分析周期选择"，来选择自己想要看到的周期（图 9-22）。

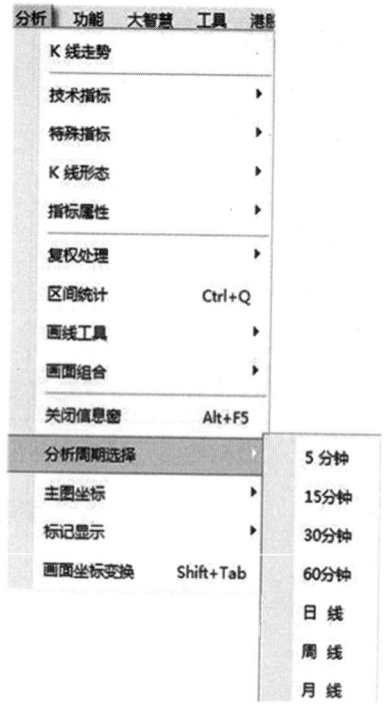

图9-22 分析周期选择选项

7. 怎样查找股票

在查找股票时，可以直接输入个股的代码或者个股的名称，"大智慧"就会自动寻找出与之相匹配的股票，在显示的界面中，选择你想要查看的股票，按Enter键即可。

（三）怎样看各种资讯

信息是股市中不可或缺的重要环节，能够及时准确地掌握第一手信息对于新股民来说尤其重要。然而一个人的时间精力是有限的，无法随时关注股市中庞大的信息量，这时股票软件的重要性便凸现出来。

1. 怎样通过"实时解盘"了解最新股市分析讯息

"大智慧"在盘中的时候，会定时由分析师发布最新的股市动态信息

（图9-23）。

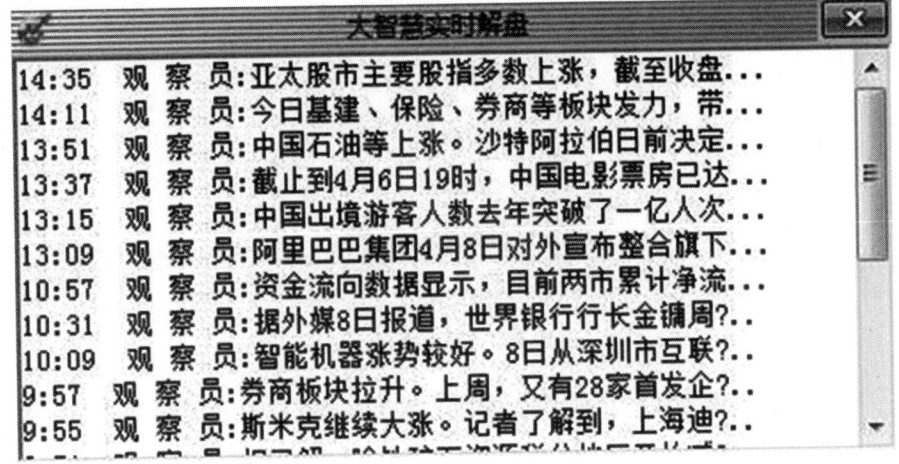

图9-23 实时解盘示意图

另外，如果收盘之后还想观察实时解盘的有关信息，可以从菜单栏中，选择"大智慧"，在其下拉菜单中选择"实时解盘"按钮，就可以查看当日的全部内容。

2.怎样通过"信息地雷"了解重要的公告与新闻

"信息地雷"是"大智慧"的独有功能，只要盘中出现重要的市场评论以及预测、买卖参考等内容，在"大智慧"的行情列表、走势图甚至排名列表中都可以看到地雷标志。

想查看所出现的地雷，将鼠标移动到相应的位置，即可显示标题，如果想要查看详细内容，按Enter键即可。

3.怎样通过"短线精灵"及时了解个股的走势

在菜单栏中选择"大智慧"选项，在其下拉菜单中选择"短线精灵"（图9-24）。

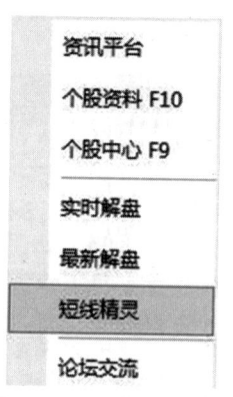

```
资讯平台
个股资料 F10
个股中心 F9
实时解盘
最新解盘
短线精灵
论坛交流
```

图 9-24　短线精灵选项

利用短线精灵功能,你可以及时了解到大单买入和卖出的情况以及个股的走势等。

在短线精灵中,有各种词语,如高台跳水、火箭发射、加速下跌等,这些词语表示什么意思呢(图9-25)?

词语	解释
大笔买入	出现换手率大于0.1%的外盘成交
大笔卖出	出现换手率大于0.1%的内盘成交
有大买盘	5档买盘合计大于80万股或和流通盘的比值大于80%
有大卖盘	5档卖盘合计大于80万股或和流通盘的比值大于80%
打压指数	5分钟内对指数的打压值大于0.5
拉升指数	5分钟内对指数的拉升值大于0.5
加速下跌	延续原来下跌的状况并且加速下跌
快速反弹	由原来的下跌状态转变为快速上涨
高台跳水	由上涨的状态转为快速下跌
火箭发射	快速上涨并且创出当日新高

图 9-25　词语注释图

4. 怎样查看"资讯平台"

"大智慧"的"资讯平台"每日收集各大证券媒体的重要新闻,以便让股民随时了解股市风云,可以点击菜单栏中的"大智慧"按钮,在其下拉菜单中选择"资讯平台"(图9-26)。

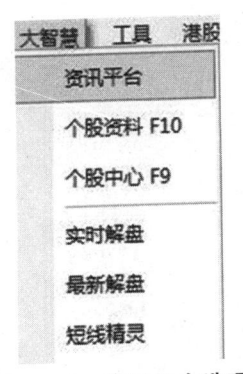

图 9-26 资讯平台选项

（四）如何用手机APP看盘

手机股票软件，也可以叫作炒股 APP，它的最大优点就是：无论是在家还是在户外都能让股民及时了解股市的最新资讯、进行投资操作。但是不少股民不太熟悉炒股 APP，接下来就以"大智慧"为例，为读者详细讲解一下这种便捷的炒股方式。

首先，要在智能手机上下载一个"大智慧"手机版客户端，点击 APP 的图标（图 9-27），随后就会进入"大智慧"手机版的主界面（图 9-28）。

图 9-27　"大智慧"手机版 APP 图标

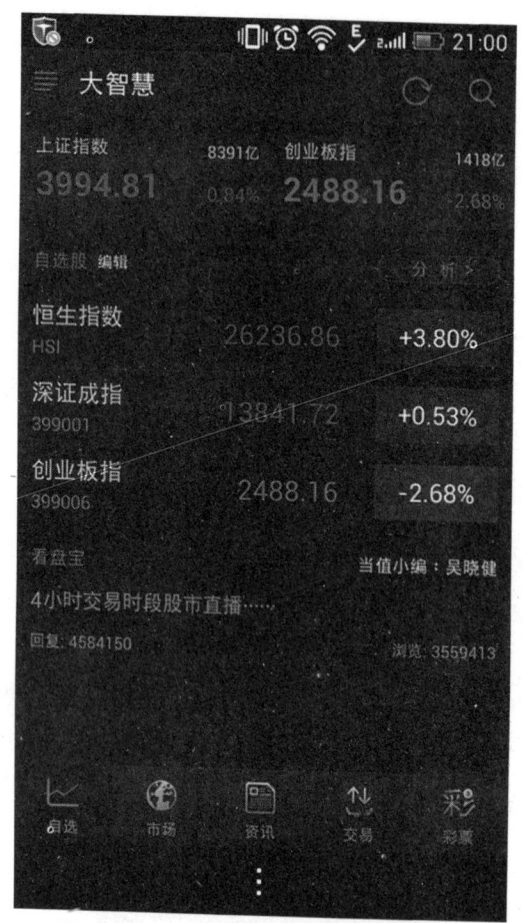

图 9-28 "大智慧"手机版的主界面

在"大智慧"手机版的主界面上会显示当日的上证指数和创业板指数以及深证指数等大盘信息。在主界面的下半部有五个分栏，分别是：自选、市场、资讯、交易、彩票。投资者可以通过点击不同的分栏来进入到其他界面中。

在自选右边的第一个分栏按键为市场，点击进入后，可以看到最上端位置又出现六个分栏，分别是：沪深、港股、期权、美股、全球、其他（图 9-29）。

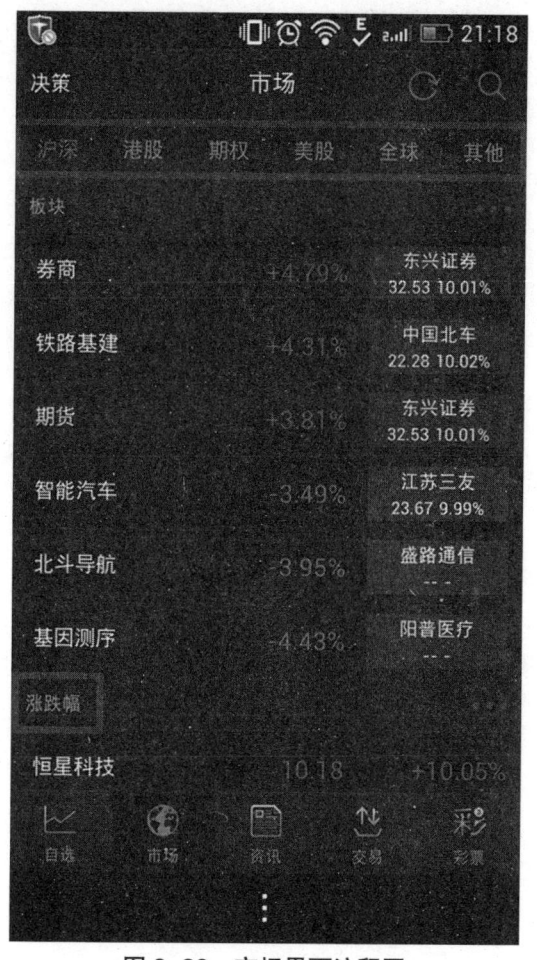

图 9-29　市场界面注释图

  可以看到在该软件市场界面的中下部分已经直接整合了当日的"涨跌幅"数据，使用者可以很方便地收集到这些有用的信息。在"涨跌幅"数据之下还列出了当日 5 分钟跌幅、资金流以及换手率榜的数据，只需轻轻滑动手机屏幕就能将这些信息尽收眼底。

  在点击界面下方的"资讯"一栏时，除了能看到上方的头条、自选、港股通、新股以及一个可下拉菜单外，还能看到繁多的当日重要的新闻概要（图 9-30）。

图9-30 资讯界面注释图

当点击到交易时,就会发现在屏幕中央出现一个大大的"+"号,只要点击这个"+"号就可以选择想要进行交易的券商了(图9-31)。

点击添加券商

图9-31 交易界面

在每一个分栏页都会在右上角显示一个放大镜的图标（图9-32），那么这个图标有什么作用呢？

图 9-32　搜索注释图

事实上这是一个非常实用的图标，只要点击它，就能进入到股票查询界面，不管是输入股票的代码，还是名称，都能让你准确无误地进入到要找的股票界面中，大可不必费劲地一一去寻找。

第十章 ◎ 新股民不得不学的解套秘籍

在股市中有这样一句话：如果你会下套，那么你就是一个合格的猎人；如果你会解套，那么你就是一个合格的炒股人。从这句话中不难看出，要想在股市中赚钱，只学会如何买卖是不够的，还要学会如何解套。

一、解套四法

进入股市的投资者几乎都被套牢过，这是一个人人不愿提起，但又无法回避的问题。它是每个投资者迈向成熟的一道必经门槛。作为新股民，要勇敢地面对被套这个现实，并找出最合适的解决方案。

（一）换股解套法

炒股不慎被套牢时，为了挽回经济损失，就要千方百计地解套，而换股解套就是众多解套方法中比较常用的一种。所谓换股解套就是当你认为自己手中的股票没有获利的机会或者获利机会非常小时，可以换另外一种价格差不多但是有比较大的上涨机会的股票，用更换后的股票所得的利润来弥补之前股票被套而带来的亏损。

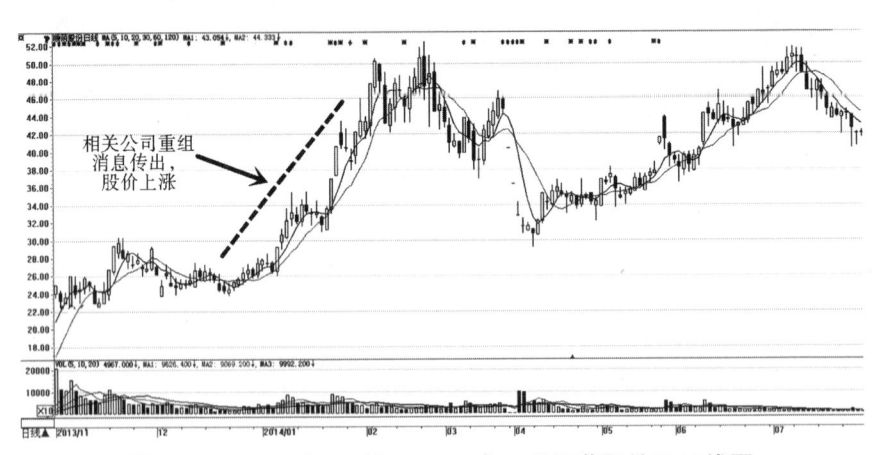

图 10-1　2013 年 11 月～2014 年 7 月顺荣股份日 K 线图

2013年11月,顺荣股份❶(股票代码:002555)传出重组的消息。此后,股价开始上涨,当2014年3月重组消息确认后,股价涨势停止,期间涨幅达65.9%。如果股民能够抓住时机将手中弱势股更换为该股,那么就有可能扭亏为盈(图10-1)。

换股解套最怕的是越换越差。因此,使用换股解套的方法时一定要有一个正确的思路。以下四种思路可作为参考。

1. 准确地判断市场的整体趋势和发展方向

在判断股票的行情走势时,要结合市场的整体趋势和发展方向,不要盲目地认为当时上涨的股票在短期内就会一直上涨。一定要关注股市中的热点轮换和分化现象。在市场趋势等因素确认后,想要更换的股票进入到该股股价的底部区域时,才开始使用换股策略。即使手持股在下跌趋势中,也不要急于换股,应该先割肉止损,等到更换股的指数稳定后再进行换股也不迟。

2. 换股不宜过于频繁

换股解套的方法贵在用的时机准确,而不在于次数多,如果换股过于频繁,即使是对市场的整体趋势和发展方向把握准确,也会增加交易税,提高了交易成本,间接减少了获利。因此在使用换股解套的方法时,应该找准时机,争取一次性成功才好。

3. 换强不换弱

在使用换股解套的方法时,一定要注意个股的本质,而不要关注其表象。有些个股因为有庄家的介入,可能会形成短时的强股假象,这种假象过后该股很可能就会变成弱股。因此,在选择更换的股票时,要注意其是否是社会主流热点板块的个股,是否处在低价区,是否能在大盘强势整理

---

❶ 顺荣股份于2015年2月更名为顺荣三七,2016年1月更名为三七互娱。

期间保持缩量抗跌等关键点。只有这样挑选的股票替换手持弱股后，才能跑赢大盘指数，获得较大的收益。

4.更换题材股

炒股经常会炒题材，当一些朦胧的炒作材料出现时，如果能被大众接受、认同，那么不管这个材料是否准确都有可能会使股价上涨。但是一旦题材过后，股价的涨势也就到头了。所以在选择更换的股票时，一定要选择具有潜在题材的股票，不必选择利好消息已经兑现的个股。

（二）止损解套法

所谓的止损解套就是当手中持有的某只股票出现亏损并达到了止损位置时，应该及时清仓出局，避免出现更大的经济损失。

有些股民——特别是新股民，投资只有盈利和亏损两种评定的标准，事实上这种惯性思维是错误的。在必要时能够及时止损也是一种投资行为，其目的就是为了能够及时挽回资金损失，以便于投资其他的个股，从而达到获利的目的。如果没有及时止损，就没有足够的资金进行其他个股的投资。

在某种程度上可以说炒股与赌博有相似的地方，它们都存在一定的风险。但是炒股和赌博也有着本质的区别，这种区别就在于炒股可以通过控制损失和风险波动的范围来获益，一次错误的赌博带来的可能是致命的后果，但是一次错误的股市投资，如果能及时止损，那么就还有可能打一场翻身仗。

股市中有一条"鳄鱼法则"，充分地说明了止损的重要性。"鳄鱼法则"说的是：当有一条鳄鱼咬住了你的脚的时候，如果你用手去帮助脚摆脱鳄鱼，那么这条鳄鱼还会咬住你的手。越是挣扎，被咬住的地方就越多。因此，当鳄鱼咬住你的脚的时候，最适合的做法是牺牲一只脚。在股市中，这条"鳄鱼法则"所要表达的意思就是：当你发现自己的交易背离市场的方向时，要立即止损，不要抱有侥幸心理去尝试挣扎。这条"鳄鱼法则"要求牺牲一只脚来挽救生命，它听起来是残酷的，但是股市就是这样不相信眼泪。

如果能够熟练应用止损解套的方法，就相当于为自己设置了一道保险，保证自己不会一亏到底。毕竟，留得青山在就不怕没柴烧。

在止损解套法里止损位的设置至关重要，那么止损位应该怎样设置呢？在这里提供平衡点止损法供股民参考。

平衡点止损法即在建仓后设立一个第一止损位，第一止损位适合设置在建仓价格5%左右的价位。买入后如果股价上涨，那么就将止损位移至建仓价，这是该股的盈利平衡点位置，即平衡点止损位。依照此法，通过依次建立就能勾画出一个整体的止损系统，这样就可以随时盈利套现。当平衡点止损系统建立好以后，下一步就是选准时机清仓套现了。

在使用平衡点止损法时需要注意，止损位要随着股价的上涨来调整位置。举个例子来说，比如一只股票的买进价格是10元，那么第一止损位应该建立在9.5元左右的位置。如果买入后股价在下跌，那么就应该在下跌到9.5元的时候止损出场。如果股价上涨，那么平衡止损点就设置在10元左右的位置，股票跌破时就可以清仓出场了。如果买入后股价一直在上涨，那么止损位也要相应提高。比如，股价上涨到了20元，止损位就应该相应提升到18.8元。

止损解套的优点在于它的效率非常高，往往能够做到一步到位。这种优点也决定了这个方法比较适用于追涨、投机性买入股价在高位的股票并且建立满仓被深套的情况。但是没有一种方法是完美无缺的，即便是止损解套也存在一定做空的风险。

止损解套法虽然比较实用也比较简单，但是它不是万能的，当出现如下的情况时，是不适合运用止损解套法的：

（1）历史低价区不适宜止损。如果上市公司的基本面没有发生显著的变化，那么在该公司的历史低价区是不适宜用止损解套法的。

（2）如果个股在上涨途中，那么不适宜止损。一只股票在上涨的过程中下跌，很可能是上涨过程中的调整阶段，如果在这时止损，就很可能会错失机会，把手持股票在一个相对较低的价位抛出，得不偿失。

（3）从高位下跌但是不放量的个股也不宜止损。庄家在出货之前往往要经历震仓或者洗盘的过程，虽然当时看上去好像是被套住了，但是如果是无量下跌的话，应该再耐心等一等，这很可能是庄家要出货了。一般情况下，庄家是不会将股价调整到一个亏损的位置出货的，所以当调整过后，股价很可能还会再次上涨。

（三）补仓解套法

股市不可能永远都是牛市，也不可能永远都是熊市。牛市是被大众所喜爱的，熊市则相反，但在熊市中一只股票也有行情反弹的时期，如果在买入一只股票时错过最佳时间点或者行情转为熊市行情时，就可以采取补仓平摊成本的方法来解套。随着股价的下跌，你可以在买入价的下方补仓，从而降低手中持股的成本，在反弹行情到来时，择机一举抛出。

补仓是一种比较被动的解套方法，但在一些特殊情况中，补仓解套是个实用的方法。补仓解套运用时最重要的是掌握时机，但处于以下几种时机时不可补仓：

1. 在大盘处于下跌过程中绝不补仓

大盘如果处于下跌趋势，那么很少有个股能够摆脱相同的命运。补仓的最佳时期是在熊市末期，大盘处于相对低位或者走出反转趋势时。这时候的大盘一般具有上涨的潜力，能够继续下跌的空间也比较小。

2. 大盘处于下跌反弹过程中绝不补仓

在整体趋势是下跌状态的股市中，如果出现反弹现象，那么很可能是多头最后的困兽之斗，股市还会出现下跌的行情，因此在这种情况下不应该选择补仓，而是应该选择继续观望，等到熊市的末期到来。

3. 熊市初期绝不补仓

熊市中坚决不要补仓，因为熊市的下跌幅度是不能预测的，随着下跌幅度的增大，就很可能出现越补套得越深的情况。但是如何能判断出熊市和牛市呢？

有一个很简单的办法：如果股价比买入价低5%左右，那么就不用补仓，随便在一次反弹期间抛出就能解套；如果股价比买入价低20%~30%以上，那么可以考虑补仓了，这是因为后市的下跌空间也有一定限制。

除了上述几点不可补仓时机以外，股民还应该知道，补仓最忌讳分段、逐级地进行。多数股民的初始炒股资金都有限，分段、逐级的补仓会使平摊次数变多，有限的资金无法承受多次平摊。从补仓的性质来说，补仓是弥补前一次错误的行为，而不是造成第二次错误行为的借口。

（四）捂股解套法

被套牢并不意味投资失败。只要股票还在手中，翻盘的希望总是存在的。特别是手里持的是绩优股，并且市场的投资环境并没有恶化，那么被套的股票还是有较大的上涨概率。因此，完全没有必要因为一时套牢就恐慌抛出。不如继续持股，静观事态的发展，最后也有可能会反亏为盈。这种方法就是捂股解套法。

一般来说，捂股解套法一般用在牛市期间或者是熊市的末期。捂股解套法的核心应用原理就是价格围绕价值波动，这种原理也就决定了捂股解套法适用于绩优成长股。

捂股解套法具有不增加资金投入、操作没有过大难度、耗费精力比较少的优点。当然这种方法也像其他方法一样，具有一定的缺点。由于捂股解套需要持股，因此股民手中大量的资金不能流动，遇到其他更好的机会时也是有心无力，甚至可能会遇到长期持股也没法解套的情况。当遇到长期持股也无法解套时，就只能选择割肉清仓了。

股民在运用捂股解套法进行解套时，应该注意以下几点：

（1）捂股解套法适用于熊市末期。这时的股价基本跌到了底部区域，股民将股票恐慌性抛出只能带来更多的亏损，所以应该持股观望。

（2）捂优不捂差。许多本来被深套的绩优股由于有良好的基本面支持，在熊市转牛市时往往能成为领跑股，大幅上涨，这种情况下解套就会变得很轻松。

（3）捂低不捂高。被捂的股票价格必须要在底部，否则在捂股的过程中股价还会下跌。如果所捂股票股价比较高，那么就应该采取止损解套法等方法解套。

（4）分清买入的性质。分清套牢的股票是投机性买入还是投资性买入。如果是根据上市公司的基本情况，从投资的角度买入的股票，那么就不必关心股价一时的跌涨起伏。

在使用捂股解套法时，一定要注意使用的时机和个股所在的大环境，必要时要及时更换解套方法，避免自己陷入越套越牢、越套越深的境地。

二、解套不如防套

在风云变幻的股市中，解套要学，因为无人能避免被套。防套也要学，虽然新股民朋友学了不能百分之百保证不被套，但是至少能减少其被套的次数与资金量。

如何防止被套呢？

（一）做好购买计划

入市之前，股民必须要有一个详细的购买计划，买多少股，要投入多少钱。如果只是盲目地买股，那么很可能会把股市变成吸钱的"无底洞"。

（二）保持合理的仓位结构

适当地分散投资，并保持合理的仓位结构，这样可以大大地降低炒股的风险。新股民还可以考虑单一持股，一旦该股趋势不好就能及时地撤出，即"船小好掉头"，小仓或少仓才更容易运作。但如果仓位太重，即便是单一持股也不好掉头。

（三）做好止损计划

止损计划是股市中的"救生圈"，很多股民最后血本无归，就是因为没有提前做好止损计划，导致损失进一步扩大。

（四）学会舍弃

舍得舍得，有舍才有得。不要把一些弱势股紧紧地攥在手里，总是幻想还有翻身的机会。正确的做法是，碰到弱势股就应该及时舍弃，只有这样才能有更充分的资金进行其他投资。

（五）谨慎对待放量

在股市中成交量是一个很重要的指标，股票的下跌其实并不可怕，可怕的是股价下跌的同时成交量也在增加，那么就可能是庄家在出货。因此，对于成交量的变化需要投入更多的注意力。

（六）不可贪婪

明明已经赚了不少了，但为了赚更多而舍不得获利结束。结果行情急转向下，这时本来还有机会小赚出局，或者持平出局，但因为心理不平衡而犹豫纠结，结果让时机一误再误，直至深套。

（七）不可刻意追逐暴利

有一些股民喜欢追逐暴利，这样往往让人无法保持清醒的头脑，最后让事态发展到不可收拾的地步。新股民尤其要注意这一点，在股市中一定要保证有一颗始终清醒的头脑。

三、防不胜防的多头圈套

在炒股时一定要注意防范多头设下出货圈套，如果中了多头设下的圈套就很可能会被牢牢套在高位。

所谓多头设下圈套是指主力利用资金、技术、信息的优势，操纵股价和大盘走势，使盘面呈现一种做多的态势，这样就会吸引散户的关注，促使大量的游散资金注入其中。主力一旦出货，那么跟风的散户都会被套牢。这种主力设圈套的情形有时也会发生在低价位的区域。只要主力有利可图，